小学館学習まんがシリーズ

名探偵コナン実験・観察ファイル

サイエンスコナン

忍者の不思議

原作／青山剛昌　監修／川村康文（東京理科大学教授）
構成／田端広英

みなさんへ── この本のねらい

コナンと一緒に科学遊びde冒険だ！

東京理科大学　理学部物理学科　教授　川村康文

みなさ～ん！　お待たせしました‼

『名探偵コナン実験・観察ファイル　サイエンスコナン』シリーズの新刊だよ～！　さあ、これから名探偵コナンと一緒に、忍術とサイエンスの不思議な世界を楽しみましょう‼

ところで、みなさんは忍者について、どんなイメージをもっているかな？　不思議な術を使う魔法使い？　超人的な能力をもつ武術の達人？　この本を読んで、そんな忍者にまつわる「なぜ？」「どうして？」をひとつひとつ解決していくうちに、みなさんは忍術の中に隠されたサイエンス

の面白さや楽しさに引き込まれていくはずです。

でも、ちょっと待った！ここでみなさんへ、大切なお願いがあります。それは、「正心」という人間にとって一番大事なものに目を向けてほしいということ。忍術もサイエンスもひとつ間違えば、人を傷つける道具になってしまう。でも本当の忍術やサイエンスは、そうではないよ。私利私欲のためではなく、国の発展や世界平和のため、あるいは人びとが安心して豊かな心をもって生活ができるようにするためにあるものなんだ。この本を読むみんなは正しい心をもって、忍術におけるサイエンスの面を学んでほしい。

さあ、さっそく忍者の不思議の世界に出発だ〜!! コナンと一緒に科学de楽しもう！

名探偵コナン　実験・観察ファイル　サイエンスコナン

もくじ　忍者の不思議

みなさんへ——この本のねらい…2

FILE.1 「忍者って何者だ？」之巻…7

これが忍者の３つの仕事だ！／実在した"スーパー忍者"たち／忍者の歴史〜古代から現代まで／全国忍術流派マップ〜東日本編／全国忍術流派マップ〜西日本編

コラム　物語のなかの有名忍者たち…22

FILE.2 「徹底解剖　忍者の衣食住」之巻…23

忍び装束の秘密／忍術「七方出」〜忍者の変装術／忍者食①〜干飯・兵糧丸／忍者食②〜飢渇丸・水渇丸／イラスト図解　潜入！忍者屋敷／「敵忍」を防ぐ現代の仕掛け／忍者の城〜甲賀郡中惣遺跡群／「忍び六具」って何だ？／現代のプロたちの必携品／「忍び刀」の秘密／手裏剣術①〜車手裏剣／手裏剣術②〜棒手裏剣／忍者の秘密兵器「暗器」／忍者のマルチツール　苦無／しころ・坪きりの使い方／「逃げるが勝ち」が忍術の極意だ！／忍者の"懐中電灯"がん灯／水松明の仕組み／水蜘蛛の真実

コラム　女忍者「九ノ一」の役割…66

4

FILE.3 「忍術は科学だ！」之巻…67

堀の幅や石垣の高さを測る術／科学の力で方位を知る術／太陽や星から時刻を知る術／忍者の天気予報「風雨の占い」／水を見つける術／忍者があやつった最新技術「火薬」／薬草から薬をつくる術／ものまね厳禁‼　毒薬の秘密／実験！　忍者の手紙を書く

コラム 暗号解読とコンピュータ開発…86

FILE.4 「キミにもできる⁉　忍術修行」之巻…87

秘伝「抜き足、差し足、忍び足」／忍者走法でより速く、より遠くへ／忍者のジャンプ力〜跳躍術／忍者の目は暗視スコープだ！／秘密の修行「小音聞き」／忍者流クライミング術／高所からの着地術／忍者式スイミング／敵から身を隠す〜隠形術／火・水・木・金・土「五遁の術」／忍者式記憶術に学べ！／早く、遠くへ伝える伝達術／他人の心をあやつる忍者の秘術／心をきたえる修行①整息法／心をきたえる修行②九字護身法

コラム 忍者と信仰の深〜い関係…118

SCIENCE CONAN●解明！ 忍者の不思議

FILE.5 「現代の最新科学『忍具』」之巻…119

パワーアッセンダー／催涙スプレー／パワードスーツ／暗視＆サーマル・ゴーグル／パラボラ集音器／レーダー VS ステルス技術／光学迷彩の不思議／リブリーザー（閉式潜水具）／現代の「水蜘蛛」ホバークラフト

コラム スマホは現代の万能忍具だ！…138

FILE.6 「生物界のスーパー忍者」之巻…139

ネコ流忍術「ネコひねり」／ヒトの1億倍の嗅覚をもつイヌ／変装名人ミミックオクトパス／森の忍者フクロウ／水辺の狙撃手テッポウウオ／目つぶしの達人スカンク／クモは忍者の先生だ！／究極の迷彩術カメレオン／水面を走るトカゲ「バシリスク」／驚くべき伝書バトの帰巣本能／ホークアイ（タカの目）の秘密／昆虫界のマルチ忍者ケラ／アメンボは生ける「水蜘蛛」だ！／他人の子どもになりすますカッコウ／「縁の下」の捕食者アリジゴク／東南アジアの動物忍者ヒヨケザル／目玉模様をハネに隠したスズメガ／生物界の変装名人たち

FILE.1
「忍者って何者だ？」之巻

音もなく忍び込み、情報を集め、敵をかく乱する
これが忍者の3つの仕事だ！

①情報を集める

敵地に潜入する

旅の僧です

変装

侵入

忍者の仕事は、敵の情報を集めたり、敵を混乱させたりして、味方が有利に戦える状況をつくり出すことだ！

観察する

堀の幅は？
敵の数は？

盗み聞きする

フムフム

今回の作戦は…

②敵を惑わせる

嘘の情報を流す

仲間割れを誘う

③敵の不意をつく

待ち伏せ

夜討ち

暗殺

得意な忍術を駆使して歴史に名前を残した
実在した"スーパー忍者"たち

音もなく、においもなく、智名もなく、勇名もなし。忍術秘伝書『万川集海』には、忍者についてこう書かれている。
そんな表立って活躍することがなかった忍者のなかでも、現在まで名前を残している"スーパー忍者"たちを紹介しよう。

伊賀忍者を率いた"鬼の半蔵"〜服部半蔵正成

伊賀国（三重県）出身の服部半蔵正成は、父の代から三河国（愛知県）の戦国武将・徳川家康につかえて武将として活躍。"鬼の半蔵"と呼ばれ、槍の名人として知られた。「伊賀越え」（⇒16ページ）の際、伊賀忍者を率いて徳川家康をたすけ、その功績から家康が江戸幕府を開いたのちに「伊賀百人組」の頭領に任命された。

煙をあやつる神出鬼没の甲賀忍者〜望月出雲守

1487年に室町幕府の軍勢が近江国甲賀郡（滋賀県甲賀市）に攻め込んできたとき、望月出雲守はほかの甲賀忍者とともに神出鬼没のゲリラ戦で反撃。煙を自由にあやつって、幕府軍の本陣を何度も襲撃した。その結果、幕府軍はついに退却。このとき活躍した甲賀忍者たちはのちに「甲賀五十三家」と呼ばれ、望月家はその筆頭に数えられた。

なみいる戦国武将も恐れた達人忍者〜加藤段蔵

戦国時代に活動した「一匹狼」の忍者。抜群の跳躍力をもち「とび加藤」と呼ばれ、幻術も得意とした。越後国（新潟県）の戦国武将・上杉謙信の採用面接を受けた際、加藤の術を恐れた謙信に殺されそうになるが、得意の幻術で逃走。その後、甲斐国（山梨県）の戦国武将・武田信玄のもとを訪れたが、やはりその術が恐れられて、信玄配下の忍者に殺された。

変装名人として知られた伊賀忍者〜伊賀崎道順

　伊賀忍者のひとり伊賀崎道順は、あるとき城攻めを命じられた。道順は48人の部下とともに、山伏や物乞いに変装して敵の城下に潜入。情報収集を行った。その後、道順らは城に出入りする木こりに変装して城内に潜入。隙を見て城に火を放つと、敵が混乱しているあいだに味方の軍勢を引き入れて城攻めを成功させた。

織田信長を狙撃した鉄砲の名手〜杉谷善住坊

　「天下統一」を進めたことで有名な戦国武将・織田信長。その信長の暗殺をはかったのが、「鉄砲達人」として知られた甲賀忍者・杉谷善住坊だ。信長と対立していた六角氏に雇われた善住坊は、1570年に鈴鹿山中で信長を狙撃。しかし、かすり傷を与えただけで暗殺に失敗してしまった。その2年後、信長の家来に捕らえられた善住坊は、残虐な方法で処刑された。

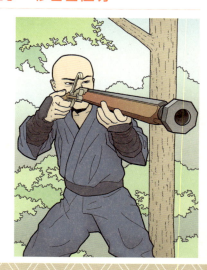

北条氏の忍者軍団「風魔党」の頭領～風魔小太郎

　戦国時代の関東地方で勢力をほこった戦国大名・北条氏につかえた忍者。小太郎が率いた「風魔党」という200人を超える忍者集団は、北条氏と甲斐国の武田氏との戦いで活躍。武田氏の陣地に毎夜侵入し、馬を解き放って暴れさせたり、放火をくり返したりして大混乱に陥れた。そんな小太郎の忍術を恐れた人びとは、恐ろしい顔つきの身長2mを超す大男だと噂した。

京都の町を荒らしまわった大盗賊～石川五右衛門

　桃山時代に京都の町を荒らしまわった盗賊団の頭領が、石川五右衛門だ。詳しい生い立ちは不明だが、伊賀国で忍術を学んだともいわれている。ときの権力者、豊臣秀吉の家来によって捕らえられ、京都の三条河原で「釜ゆでの刑」で処刑されたが、江戸時代になると歌舞伎や浄瑠璃などで「反権力」のヒーローとして描かれるようになり、庶民の人気を集めた。

あの聖徳太子も忍者を使っていた!?
忍者の歴史～古代から現代まで

忍者の最大の任務は情報を集めること。「忍者」という名前が生まれるはるか前から、人間は戦いを有利に進めるために情報を活用してきたのよ。そのための情報収集の技術の集大成が、忍術だったともいえるのね。

忍者のルーツは古代中国の「兵法」にあり!?

今から2000年以上も昔に中国で書かれた『孫子』という兵法書（戦いの方法を書いた本）には、「用間」「諜攻」という言葉が出てくる。「用間」は敵の隙をついて味方を潜入させて情報を探る方法、「諜攻」は敵をだまして攻撃する方法のことだ。まさに忍者の仕事そのものではないか！

間 敵の隙をついて味方を潜入させて情報を探り、敵について知ることを意味する言葉。

諜 敵の様子をうかがうという意味。2つの字を合わせた「間諜」は、日本語で「スパイ」のことだ。

聖徳太子が情報収集に使った忍者「志能備」

飛鳥時代に天皇を補佐して政治を行った聖徳太子は、大伴細入という甲賀（伊賀という説も）出身の忍者を使っていたそうだ。聖徳太子の情報収集のために働いた細入は、太子から「志能備」と名づけられたという。聖徳太子には「一度に10人の訴えを聞いて、的確に答えることができた」という伝説があるが、忍者を使った聖徳太子の情報力の高さをあらわしていたのかもしれない。

鎌倉幕府軍を撃退した楠木正成のゲリラ戦術

鎌倉時代の末期、鎌倉幕府を倒すために立ち上がった武士が楠木正成だ。河内国（大阪府）の山城にたてこもった正成は、さまざまな仕掛けや奇襲、待ち伏せなどのゲリラ戦術を用いて、数百人の軍勢で数十万ともいわれる幕府軍を撃退。鎌倉幕府滅亡のきっかけをつくった。正成は伊賀国との関係も深く、のちに正成を祖とする「楠木流」という忍術流派（⇒21ページ）も生まれた。

忍者の最盛期「戦国時代」。歴史の陰に忍者あり！

　忍者がもっとも活躍したのは、戦国時代から安土桃山時代にかけての約百年間。日本全国で戦乱が続き、各地の戦国大名は戦いを有利に進めようとして忍者を雇っていた。なかでも全国に名をとどろかせたのが室町幕府軍を撃退した甲賀忍者（⇒11ページ）と伊賀忍者だった。甲賀も伊賀も当時の政治の中心地・京都に近くて情報を集めやすく、修行に適した山がちな土地だったためにいち早く忍術が発達したのである。

　そんな忍者を恐れた織田信長は、1578年と1581年に伊賀国へ大軍を差し向けた。1度目は、伊賀忍者の側が得意のゲリラ戦術で撃退に成功。しかし、多勢に無勢で2度目の戦いでは敗れてしまった。

　しかし時代は変わり、1603年に徳川家康が江戸幕府を開くと、伊賀・甲賀の忍者は家康に召し抱えられる。伊賀百人組は、織田信長が殺された「本能寺の変」ののち、家康のピンチを救った「伊賀越え」での功績が認められたため。甲賀百人組は、関ヶ原の戦い（1600年）のときに伏見城（京都府）を守って奮戦したことが、高く評価されたからだった。

伊賀越え

　1582年、「本能寺の変」が起こったとき、織田信長の同盟者・徳川家康はわずかな家臣と堺（大阪府堺市）に滞在中だった。周囲を敵に囲まれて絶体絶命の危機におちいった家康を守り、甲賀・伊賀の山中を抜けて脱出させたのが、服部半蔵正成（⇒10ページ）の呼びかけで集まった伊賀・甲賀の忍者たちだった。この「伊賀越え」がなければ、江戸幕府は生まれなかったかもしれないのだ。

幕末に「黒船」に忍び込んだ最後の忍者

　戦場での忍者の活躍は、1637年に起こった農民一揆「島原の乱」の際、10人の甲賀忍者が偵察のために一揆勢が立てこもる城に忍び込んだのが最後である。その後、江戸時代を通して忍者の目立った活動は伝えられていないが、幕府や各藩に雇われて城の警備や情報収集の任務にあたっていた。

　しかし、幕末に最後の活躍の機会がやってくる。日本に開国を求めて米国のペリー艦隊がやってきたとき、伊賀忍者の澤村甚三郎は幕府の命令でペリーの船に潜入。しかしもち帰ったのは、パンやタバコなどあまり重要な品物ではなかった。その後、時代は「明治」へと移って武士の時代は終わり、忍者も歴史の舞台から姿を消していったのである。

"NINJA" は世界の共通語

　日本文化のなかでもとくに海外で人気が高いのが「NINJA」だ。映画やドラマで描かれる忍者の派手なアクションや神秘的な忍術が人気のもとである。世界各国に忍術道場があり、「忍術のふるさと」伊賀や甲賀を訪れる外国人も多い。忍者が好きなのは日本人だけじゃないんだね。

みんなが住む町にも忍者はいたかもしれない!?
全国忍術流派マップ〜東日本編

「忍者」の呼び方は地方によって異なり、各地でさまざまな忍術流派が独自の発展をしていたんだ。

SCIENCE CONAN ●忍者の不思議 [FILE:1]

これが各地にいた忍者と忍術流派の名前だ！

◎一覧表の見方
都道府県名
忍者や忍者組織の名前
おもな忍術流派の名前

⑦東京都
隠密、御庭番、鉄砲百人組

①青森県
早道の者
中川流

⑧神奈川県
乱破、草、奸、風魔党
北条流

②岩手県
間盗役

⑨山梨県
透破、三ツ者、歩き巫女
武田流、甲陽流、忍光流

③宮城県
黒脛巾組

⑩長野県
突破、真田衆、飯縄使い
伊藤流、戸隠流

④山形県
羽黒流

⑪岐阜県
大垣流、美濃流

⑤新潟県
軒猿、夜盗組
上杉流、加治流

⑫愛知県
饗談、甲賀五人之者
一全流、秋葉流

⑥栃木県
福智流、松本流

19

みんなが住む町にも忍者はいたかもしれない!?
全国忍術流派マップ～西日本編

> 伊賀流、甲賀流、根来衆、雑賀衆はとくに有名ね。
> 長崎県の南蛮流は火薬を使った忍術が得意な流派よ。

SCIENCE CONAN ●忍者の不思議 [FILE:1]

これが各地にいた忍者と忍術流派の名前だ！

◎一覧表の見方
都道府県名
忍者や忍者組織の名前
おもな忍術流派の名前

⑬福井県
忍之衆、三島党
義経流

⑭滋賀県
甲賀者
甲賀流

⑮三重県
伊賀者
伊賀流

⑯奈良県
奪口、伺見、水破
楠木流、飛鳥流、秀郷流

⑰和歌山県
根来衆、雑賀衆
名取流、新楠木流

⑱兵庫県
村雲流

⑲広島県
外聞
福島流、引光流

⑳島根県
鉢谷衆

㉑長崎県
南蛮流

㉒熊本県
聞きやぶり

㉓鹿児島県
山潜り

◆ column 01 ◆

歌舞伎や小説からマンガ、アニメまで

【物語のなかの有名忍者たち】

みんなが忍者を知ったきっかけは、きっとマンガやアニメだったろう。実は江戸時代の人たちも同じように物語やお芝居のなかで忍者の活躍を楽しんでいたのだ。なかでも人気だったのが巨大な蝦蟇をあやつる忍者・自来也（児雷也）。宿敵・大蛇丸との熱戦に、見物客は拍手喝采した。

明治時代には、『猿飛佐助』や『霧隠才蔵』ら「真田十勇士」が活躍する「立川文庫」というシリーズ本が発行され、大人から子どもまでが熱中した。忍者をヒーローとして、そ

江戸時代の浮世絵に描かれた自来也。

の活躍を楽しむ文化は、昔から人びとのあいだに脈々と受け継がれているんだね。

●マンガ・アニメ
藤子不二雄Ⓐ『忍者ハットリくん』
白土三平『忍者武芸帳』『カムイ伝』『カムイ外伝』
小山ゆう『あずみ』
横山光輝『仮面の忍者 赤影』
細野不二彦『さすがの猿飛』
●スーパー戦隊
忍者戦隊カクレンジャー
忍風戦隊ハリケンジャー
手裏剣戦隊ニンニンジャー

22

FILE.2
「徹底解剖 忍者の衣食住」之巻

ほんとうは黒装束じゃなかった!?
忍び装束の秘密

忍者といえば、黒装束に身を包んでいるイメージがある。でも黒装束は、かえって目立ってしまうんだ。なぜなら普段着に黒い着物を着ている人は少なく、自然界にも黒色はほとんど存在しないからだ。ほんとうの忍者は、おもに紺色や茶色の忍び装束を着ていたぞ。

忍び装束には蛇除け・虫除け効果もあった！

忍び装束が紺色や茶色だったのには理由がある。ひとつは、紺色や茶色は暗闇に溶け込みやすいのと同時に、当時の人たちの普段着の色だったから。一般人と同じ色の着物を着ることで、目立たなくしていたんだね。

もうひとつの理由は、紺色のもとになる染料「藍」や、茶色のもとになる染料「柿渋」に、殺菌や蛇除け・虫除けの効果があったからだ。もともと米国の作業服だった「デニム」が紺色なのも同じ理由からなんだ。

SCIENCE CONAN ● 忍者の不思議 [FILE.2]

これが忍び装束だ！

上衣（じょうい）
袖の幅をひもで調整できる。胸や襟には隠しポケットがある。

頭巾（ずきん）
頭や顔に巻く布。長さが約2mあり、包帯やロープの代わりにもなる。

帯（おび）
1本のひもではなく輪になっているため、どこをもっても素早く結べる。

手甲（てっこう）
手首の部分に棒手裏剣（⇒48ページ）を入れる隠しポケットがある。

袴（はかま）
農家の人たちが着る「野良着（のらぎ）」をもとにしている。ももに余裕があって動きやすい。

脚絆（きゃはん）
すねの部分の隠しポケットに棒手裏剣を入れれば防具にもなる。

草履（ぞうり）
裏底にスパイクのような滑り止め金具をつけて使用することもある。

足袋（たび）
足音を消すために、足裏に分厚い綿が入っている。

25

正体を隠して敵地に潜入するための
忍術「七方出」～忍者の変装術

昔の人は現代のように自由に旅ができなかったから、近所に見知らぬ人がいると、すぐに怪しまれてしまったのよ。だから忍者が敵地へ潜入するときには、旅をしていても怪しまれない職業など7つのスタイルに変装したの。この変装術を「七方出」と呼んだわ。

顔や髪形を変えて別人になりすます

変装の基本は、まげの形を変えたり、太ったりやせたりして、外見を変えること。ときには、足を引きずってけが人のまねをしたり、毒を顔に塗ってはれ上がらせたりして病人になりすました。また、地方特有の話し方（方言）を覚えるなど、あらゆる方法を使って忍者だと見破られないようにしていた。

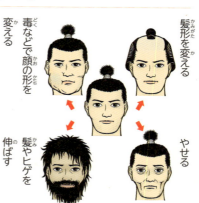

毒などで顔の形を変える
髪形を変える
髪やヒゲを伸ばす
やせる

SCIENCE CONAN ●忍者の不思議 [FILE:2]

出家
仏教の僧。仏教の教えを広めるために旅をすることが多く、怪しまれずに他国に出入りすることができた。

虚無僧
普化宗という仏教宗派の僧。修行や布教のため、深い編み笠をかぶって全国を旅してまわった。

猿楽師
戦国時代に人気があった「猿楽」という芝居の役者。戦国大名から招かれることも多く、城や屋敷に潜入しやすい。

これが七方出だ！

放下師
手品や曲芸をひろうしながら全国を旅した芸人。見物客と気軽に話せるので、情報収集をしやすかった。

商人
旅をしながら商売を行った行商人は、いろいろな人から怪しまれずに話を聞くことができた。

常の形
普段着姿のこと。武士や農民、商人など、それぞれの身分に応じた衣装や髪形をして、周囲に溶け込んだ。

山伏
修験道という宗教の行者（修行者）。各地を旅しながら修行やまじない、布教を行った。

27

忍者の食べ物は究極のダイエット食?
忍者食①〜干飯・兵糧丸

敵の城や屋敷に侵入するために、忍者は身軽じゃなければつとまらなかった。だから体重が60kgを超えないように気をつけていたという。そのために大切なのが毎日の食事だ。忍者は効率よく栄養素を摂取する食事を工夫していたぞ。

人間が生きるのに必要な5つの栄養素

人間が生きていくためには、大きく分けて5つの栄養素が必要だ。①筋肉など身体の材料になるたんぱく質、②エネルギーのもとになる脂質、③脳や身体を動かす炭水化物、④骨や血液の材料になるミネラル、⑤ほかの栄養素を助けるビタミン。これらの栄養素をバランスよくとることが、食事ではとても大切なんだ。

忍者は普段からダイエットを心がけていた

　昔の人は現代人より質素な食事をしていた。忍者の食事も基本的に質素で、玄米や粟などの雑穀のおかゆや、野菜の煮物やおひたしや漬物など、野菜類が中心。肉類はあまり食べず、たんぱく質は豆腐などの大豆食品からとっていた。いずれも現代では「健康食」「ダイエット食」とされているものだ。

　また、敵の屋敷に潜入するとき、においで見つかってしまわないように、ニンニクや山椒、コショウなど、においや刺激の強い食べ物は、普段から食べないように気をつけていた。

忍者や武士が戦場で食べていた干飯・兵糧丸

　忍者や武士が戦場にもっていったのが、「干飯」や「兵糧丸」という手軽に食べられる携帯食だ。干飯は玄米を炊いたものを天日に干したインスタント食品で、お湯や水でもどして食べたり、そのままかじったりした。兵糧丸は、炊いた米に山芋や朝鮮人参などを練ってまるめた団子だ。こうした携帯食は「打飼袋」という袋に入れてもち歩いた。

干飯

兵糧丸

打飼袋

忍術秘伝のスーパーサプリメント
忍者食②〜飢渇丸・水渇丸

「腹がへっては戦ができない」というけれど、忍者は任務のために何日も満足な食事をせずに過ごさなければならないこともあったのよ。でも、お腹がへって動けなかったら忍者として失格よね。そのため忍者は、栄養満点の忍者食を開発していたのよ。

飢えと渇きをいやす忍者の非常食

忍者食のなかでも有名なのが、「飢渇丸」と「水渇丸」。現代のサプリメント（栄養補助食品）のような存在だ。飢渇丸は忍術秘伝書『万川集海』に「1日3粒で心身ともに疲労しない」と書かれている栄養食。水渇丸は1日3粒食べれば、45日間水を飲まなくてものどが渇かないという不思議な食べ物だ。どちらも薬草などの材料を団子状に練ったもので、移動中や隠れ場所のなかでも簡単に食べやすい形をしている。

1日3粒でお腹を満たす
飢渇丸

　飢渇丸のおもな材料は、疲労回復の効果があるといわれる朝鮮人参や長芋などの薬草や野菜だ。これらを、そば粉ともち米と合わせて練り、直径4cmほどの大きさの団子にする。

●飢渇丸の材料

朝鮮人参　375ｇ／そば粉　750ｇ／小麦粉　750ｇ／長芋　750ｇ／甘草　37.5ｇ／ハト麦　375ｇ／もち米粉　750ｇ

のどの渇きをいやす
水渇丸

　水渇丸の主成分は梅干しと氷砂糖、薬草のヤマスゲだ。これらを粉にして水を加え直径1cmほどの団子にする。「3粒で45日」は大げさだが、唾液の分泌がうながされる効果がある。

●水渇丸の材料

梅肉　37.5ｇ／氷砂糖　7.5ｇ／ヤマスゲ（ユリ科の植物）　3.75ｇ

現代に伝わる忍者食「かた焼き」

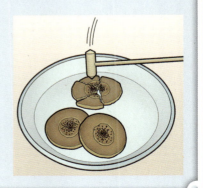

　伊賀忍者のふるさと三重県伊賀市には、忍者食に由来する「かた焼き」というお土産がある。見た目は普通のせんべいだけれど、まさに「歯が立たない」ほどの硬さだ。忍者は刀のつばで割って食べたというが、現在は木槌付きで売られている。口の中で長い時間かけて軟らかくしながら食べる。

敵の侵入を防ぐための仕掛けがいっぱい！
イラスト図解 潜入！ 忍者屋敷

忍者の屋敷には、敵の攻撃を防ぐために、さまざまな仕掛けが用意されていた。キミはいくつ見破れるかな？

中2階

縄ばしご
中2階からの脱出に使う。

刀隠し
⇒34ページ

どんでん返し
⇒34ページ

忍者屋敷は外から見ると1階建ての普通の農家のように見える。しかし実際は、侵入した敵の目をあざむいたり、秘密の会合を行ったりするため、屋根裏に中2階と2階が設けられていた。
さらに、侵入者を撃退したり、無事に脱出したりするために、さまざまな仕掛けがあるのが忍者屋敷の特ちょうだ。忍者がこうした警戒厳重な屋敷を建てた最大の理由は、火薬の製法（⇒78ページ）などの忍術の秘伝を盗まれないためだったと考えられている。

忍者屋敷のからくり①
どんでん返し

　壁の一部が一回転（または半回転）して裏返る仕掛け。裏には秘密の通路が隠されており、建物の外や別の部屋へ通じている。建物から脱出したり、敵の背後にまわり込んだりするための工夫だ。

忍者屋敷のからくり②
壁の裏の隠しはしご

　壁の裏に隠されたはしご。敵に気づかれずに２階へ隠れるのに使うほか、床下の隠し穴に潜んで敵をやり過ごし、敵が２階に上がったらはしごを外して２階に閉じ込めることもできた。

忍者屋敷のからくり③
刀隠し

　忍者屋敷の床下には、刀などの武器や重要な書類などを隠すための秘密の収納場所があった。「刀隠し」の底は斜めになっており、床板の端を踏むとふた（板）が跳ね上がる仕組みになっていて、素早く刀をとり出すことができた。

SCIENCE CONAN ●忍者の不思議 [FILE.2]

通り抜けられる不思議な壁

ブラックウォールをつくってみよう!

用意するもの
偏光板（大きさ 10cm×10cm、厚さ 0.2mm程度のもの）
透明粘着シート（大きさ 100cm×60cm、厚さ 0.1mm程度）
はさみ、鉛筆

①偏光板をはさみで切って、縦と横方向1枚ずつ（3cm×7cm）用意する。

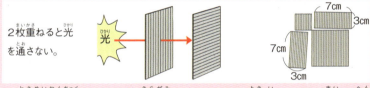

2枚重ねると光を通さない。

②透明粘着シートの裏紙をはがして用意した2枚の偏光板を貼り、筒状にまるめてとめる。

③完成したブラックウォールに鉛筆を通してみよう。

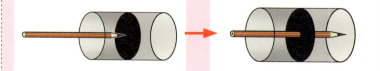

35

みんなの家の防犯対策は大丈夫かな？
「敵忍」を防ぐ現代の仕掛け

忍者は敵地に潜入して情報収集するだけでなく、敵の忍者（敵忍）を味方の城や屋敷に侵入させないための警備も担当していたわ。侵入方法を知っている忍者だからこそできた仕事ね。忍者が考えた侵入防止法に似たものは、現代の防犯設備のなかにもあるわ。

忍者だからこそ知っていた「敵忍」を防ぐ方法

忍術秘伝書『万川集海』には、敵忍の侵入を防ぐためのさまざまな方法が書かれている。たとえばイラストの「すね払い」もそのひとつだ。しならせた竹を留め具（杭）で固定し、その先に縄を張っておく。敵忍が縄に引っかかると留め具がはずれて、しなった竹が相手のすねをしたたかに打つのだ。

すね払い

SCIENCE CONAN ●忍者の不思議 [FILE.2]

現代の「うぐいす張り」!? 防犯じゃりの原理

「うぐいす張り」は歩くとウグイスの鳴き声のような音がする廊下のこと。外敵の侵入を察知するために武家屋敷で用いられた。「防犯じゃり」は普通のじゃりより粒が大きく、踏むと大きな音がする。泥棒の侵入を防ぐために庭にまく現代の防犯用品だ。

うぐいす張り

防犯じゃり

「鳴子」の最新進化形、赤外線センサー

木の板に竹の筒をぶら下げた「鳴子」は、通路などに張った縄につながれている。敵忍が縄に引っかかると大きな音がして、侵入を知らせてくれる。同じような仕組みの現代の防犯設備が「赤外線センサー」だ。縄ではなく赤外線（⇒127ページ）を使っている。

鳴子

赤外線センサー

小さいけれど忍者が使えば無敵の城？
忍者の城～甲賀郡中惣遺跡群

忍者の住まいとして有名なのは忍者屋敷だけれど、忍者は戦いに備えて城もつくっていた。石垣や天守閣がある立派な城ではなかったけれど、滋賀県甲賀市には忍者の城跡がたくさん残っており、「甲賀郡中惣遺跡群」として国の史跡に指定されているんだ。

甲賀忍者の本拠地には300もの城があった

戦国時代、近江国甲賀郡（滋賀県甲賀市）では甲賀忍者たちが集まって、「甲賀郡中惣」という仲間同士助け合う仕組みをつくっていた。それぞれの忍者は自分の城をもち、敵に攻められたときには協力して防戦した。ひとつひとつは石垣も天守閣もない小さな城だったけれど、力を合わせれば大きな敵に対抗できたのだ。

SCIENCE CONAN ●忍者の不思議 [FILE.2]

これが忍者の城だ!

丘の上に高い土塁に囲まれた本丸を設け、周囲に曲輪や空堀を配置。斜面を削った「切岸」を石垣代わりにして守りを固めた。2つの城をセットで築き、互いに守り合うのが甲賀の城の特ちょうだ。

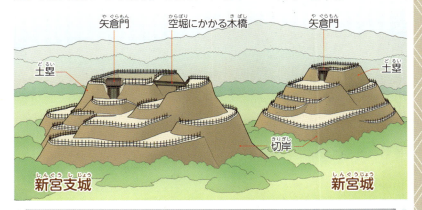

新宮支城　　　　　　　　　　新宮城

矢倉門 / 空堀にかかる木橋 / 矢倉門 / 土塁 / 土塁 / 切岸

忍者を防ぐ城の仕掛け

姫路城など観光客に人気の城にも、忍者の侵入を防ぐいろいろな仕掛けがある。たとえば上にいくにしたがって勾配が急になり、登りにくくなる石垣。さらに、ようやく登り切っても、建物の下には「忍び返し」や「石落とし」が待っている。敵の城に侵入するのは、とても難しいことだったのだ。

石落とし / 忍び返し / 急になる

39

忍者がいつももち歩いていた"究極の旅行グッズ"
「忍び六具」って何だ？

忍者はいつ何時、任務を与えられてもすぐに出発できるように、必要最低限の道具をいつももち歩いていたのよ。それが、「忍び六具」と呼ばれる6つの道具。ひとつひとつは決して特別な道具ではないけれど、忍者はさまざまに工夫して使っていたわ。

かぎ縄

縄の先に鉄のかぎをつけたもの。壁や石垣に引っかけて登ったり、捕らえた敵をしばったりした。

印ろう

昔の人が使っていた薬入れ。下痢止めなどの薬（⇒80ページ）が入っている。

石筆・矢立

石筆（下）は、道端の石などに仲間への伝言を書く道具。矢立（上）は墨と筆のセットだ。

40

編み笠

野外で雨や日光を防ぐだけでなく、顔を隠すのにも役立った。裏に矢などの武器や秘密の手紙を隠すこともあった。

打ち竹

炭などの火種が消えないように入れておく竹筒。現代のライターのように、すぐに火をつけられるようにしていた。

三尺手ぬぐい

木綿でつくった手ぬぐい。「尺」というのは昔の長さの単位で、三尺は約110cmとなる。汗をぬぐったり、手を拭いたりする通常の使い方のほか、頭や顔に巻いて覆面としても使われた。

また、スオウという植物からとった殺菌効果のある染料で染められることが多く、清潔ではない川の水をろ過して飲んだり、けがをしたときのガーゼや包帯代わりにも使ったりした。そのほか、水を含ませてムチのような武器として使ったり、捕らえた敵をしばったりするのにも役立った。

たった1本の手ぬぐいを、忍者はこれだけ多くの用途に活用していたのだ。

「俺たち探偵の世界にもあるぞ！」
現代のプロたちの必携品

「忍び六具」のように、ある職業の人たちが必ずもっている基本的な道具を「七つ道具」と呼ぶんだ。もちろん、俺たち探偵の世界にも「七つ道具」はある。ちなみに、「七つ」というのは「ひとそろい」という意味で、実際の道具の種類の数とは関係ないぞ。

コナンの探偵七つ道具

腕時計型麻酔銃
小五郎を眠らせる道具としておなじみ。

伸縮サスペンダー
人や重いものを動かすのに使う。

DBバッジ
超小型トランシーバー内蔵の探偵バッジ。

ターボエンジン付きスケボー

ソーラーパワーで動くスケートボード。

蝶ネクタイ型変声機
他人の声になりすます。

キック力増強シューズ

パワーアップして犯人を倒す。

犯人追跡メガネ

発信機とセットで使い、犯人を追い詰める。

SCIENCE CONAN ●忍者の不思議 [FILE.2]

現代のプロたちはどんな道具をもっているかな？

大工の七つ道具

大工の仕事の基本は、これらの道具を使いこなす技術にある。

のこぎり
用途別にさまざまな形がある。

すみつぼ
糸に墨を含ませて材木に直線を引く道具。

のみ
木を削ったり、穴を開けたりする。

げんのう
「かなづち」「とんかち」ともいう。

さしがね
長さのほか、角度や太さも測れる。

かんな
板の表面を平らに削るための道具。

ちょうな
材木の表面を大まかに削る道具。

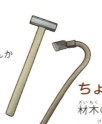

美容師の七つ道具

美容師が腰につけているバッグのなかには、どんな道具が入っているのだろう？

ダッカール
髪を切るときに、髪をおさえる道具。

コーム
髪をすくって長さをそろえる。

はさみ
用途に応じていろいろな形がある。

トリマー
襟足や眉毛を整える道具。

襟はけ
洋服についた髪を払い落とす。

フェイスブラシ
顔についた毛を払うブラシ。

43

忍者の背中の刀は、ただの武器じゃない!?
「忍び刀」の秘密

背中に背負った「忍び刀」は、忍者のトレードマーク。でも、いつも背中に背負っていたわけではなく、狭い場所に忍び込むときなど以外は、普通の武士と同じように腰に差していたようだ。忍術に利用するために、普通の刀とは違ういろいろな工夫がされていたぞ！

忍び刀と普通の刀はどこが違う？

武士は刀を腰に２本差していた。長いほうを大刀、短いほうを脇差という。忍び刀の特ちょうは、大刀より短く、脇差より長いこと。狭い室内でも使いやすいことから、そんな長さが好まれたと考えられる。「釣り刀の法」（右ページ）などに使うために、普通の刀のような反りがなく、まっすぐだったといわれている。

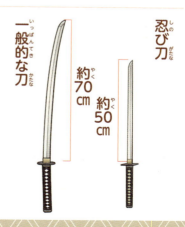

一般的な刀 約70cm
忍び刀 約50cm

SCIENCE CONAN ●忍者の不思議 [FILE.2]

これが忍び刀だ!

つば
一般的な刀のつばはだ円形だったが、忍び刀は「釣り刀の法」で踏み台にするために、四角形で大きなつばが使われた。

下げ緒
腰に刀をとめるひも。忍者は一般よりもはるかに長い3mほどの下げ緒を使った。

釣り刀の法
①刀のつばを踏み台にしてジャンプ。
②下げ緒を使って刀を引き上げる。

さや
鉄製でじょうぶ。なかに目つぶし粉を仕込み、先端を外して敵に吹きかけることもあった。

45

忍者の定番武器「手裏剣」の真実に迫る！
手裏剣術①〜車手裏剣

忍者の武器と聞いて真っ先に思い浮かぶのは手裏剣だ。手裏剣には、車手裏剣と棒手裏剣がある。ここではまず、車手裏剣について伝授しよう。マンガやアニメでは、続けざまに何枚も投げているけれど、実際の忍者はどうやって使ったんだろう？

車手裏剣のほんとうの使い方

マンガやアニメでは、車手裏剣を何枚も投げて敵を倒すシーンをよく目にする。でも、実際の忍者は何枚ももち歩かず、絶体絶命の危機におちいったときに最後の武器として使ったという。刃先に毒を塗って使うこともあったので、自分の手を傷つけないために、実際は右のイラストのように打つ（投げる）のが基本だ。

いろいろな車手裏剣

十字手裏剣

刃が「十字」の形をしている車手裏剣。先端がかぎ形になった「卍手裏剣」もあった。

八方手裏剣

刃が8本ある車手裏剣。刃がたくさんあるほど的に刺さる確率が高まるので有利だ。

火車剣

車手裏剣に火縄を結んだもの。火をつけて建物や茂みに投げ込み、火事を発生させる。

折りたたみ十字手裏剣

開くとバネ仕掛けで「十字」に固定される仕組み。

> 忍者は手裏剣を忍び装束の隠しポケットに入れてもち運んで、心臓などの急所を守る防具としても使ったのよ。

隠しポケットに入れた手裏剣

百発百中のカギは放物線と重心にあり！
手裏剣術②〜棒手裏剣

小刀や針のような形をした手裏剣を「棒手裏剣」と呼ぶのよ。車手裏剣と違って棒手裏剣は刺さる部分が少ないので、命中させるのはより難しかったわ。忍者は子どものころから毎日修行を積み重ねて、百発百中の腕を磨いたのね。

いろいろな形の棒手裏剣

棒手裏剣には決まった形はなく、個人の忍者や手裏剣術の流派が、打ちやすく、刺さりやすい形を独自に研究してつくった。棒を投げてみるとわかるけれど、普通は重心を中心にクルクルと回転してしまう。刃先が的に刺さるように棒手裏剣を打つためには、じょうずに重心をコントロールする技術が必要だった。

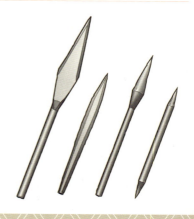

棒手裏剣の打ち方

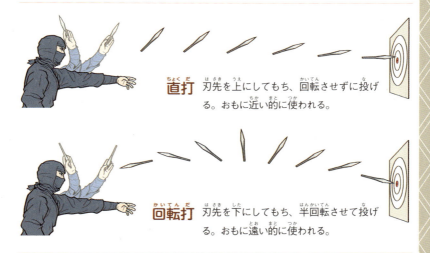

直打 刃先を上にしてもち、回転させずに投げる。おもに近い的に使われる。

回転打 刃先を下にしてもち、半回転させて投げる。おもに遠い的に使われる。

百発百中を目指して「放物運動」を理解しよう

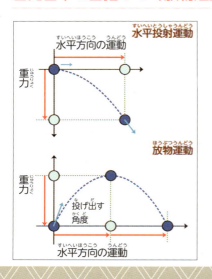

　地球上には重力（下に落ちる力）が常に働いているため、水平に投げ出された（水平投射）物体は、その瞬間から落下をはじめる。そのため、物体を遠くに投げるには斜め上に投げなければならない。このときの物体の山なりの動きを放物運動と呼び、その軌跡は投げ出す速さと角度で決まっている。忍者は日々の修行を通して、この放物運動の法則を感覚的に身につけていたんだね。

隠しもった武器で敵の隙をつく！
忍者の秘密兵器「暗器」

生きのびて任務をやり遂げるために、忍者はどんな手段でも使った。たとえそれが、一般の武士から見たらひきょうな手段であってもだ。そのために忍者が隠しもっていたのが、「暗器」と呼ばれる隠し武器。敵の意表をついて一撃で倒すための、必殺の武器だ！

含み針

裁縫のときに使うぬい針は、みんなも家庭科の時間などに使ったことがあると思う。そんな「ぬい針」も忍者が使うと武器になる。ぬい針を口に含んで、相手の顔や目に向けて吹き出すのが含み針の術だ。含み針は相手の近くに寄らないと届かないので、絶体絶命の危機におちいったときに一発逆転するための術だ。

吹き矢

筒に小さな矢（針の後ろの部分に三角錐にまるめた紙をつけたもの）を入れ、敵に吹きかける武器。矢の先端に毒を塗って使えば、小さくても必殺の武器になる。吹き矢筒には専用のものだけでなく、怪しまれずにもち歩ける横笛なども使われた。

手に隠しもって使ういろいろな「暗器」

素手で戦わなければならなくなったとき、絶大な力を発揮するのが「角手」や「鉄拳」だ。角手はとげのついた指輪で、とげを内側にして指にはめて敵の腕をつかんだり顔を引っかいたりする。鉄拳はこぶしにはめて使う。パンチの威力が倍増するぞ。

角手

鉄拳

怪しまれずにもち歩ける日用品「鎌」

　忍者は日常よく使う道具も武器として使った。農家の人が使う鎌はその代表だ。もち歩いていても怪しまれず、鋭い刃をもつ鎌はそのままでも武器になる。また数本の鎌を縄でたばねて、長い縄をつければ即席の「かぎ縄」にもなる。
　鎌をもとに武器として発展させたのが鎖鎌。先端に分銅（おもり）をつけた長い鎖を、鎌の柄につけた武器だ。分銅を敵の身体に投げつけたり、敵の武器を鎖で巻きとったりして、鎌でとどめを刺す。もち運びしやすいように、忍者は柄を短くしたものや、刃が折りたためるものを使った。

かぎ縄

鎖鎌

刀を忍ばせもち歩く
仕込み杖

杖のなかに刀を隠した武器が仕込み杖だ。日常、「錫杖」という杖をもち歩く山伏や出家に変装するときや、老人に化けるときなどに役立った。

究極のハンドガン
握り鉄砲

ホチキスのような形をした小型鉄砲。握ると発射薬が発火して、弾が発射される仕組みだ。火薬の扱いに習熟した忍者（⇒78ページ）ならではの暗器である。

忍者が使えば武器にもなる！
五寸釘

五寸＝約15.15cm

手裏剣の代わりに投げたり、手にもって石垣を登ったり、ただの釘も忍者はいろいろなことに活用したのよ。

投げる、掘る、登る……。使いみちは自由自在
忍者のマルチツール 苦無

忍者は目的別にいろいろな忍具を開発したけれど、任務のときにいつも全部をもち歩いていたわけじゃないのよ。だって、荷物が多かったら、身動きがとりづらいでしょ？ だから忍者はひとつの忍具をいろいろなことに使ったのよ。その代表が、この苦無ね。

これが苦無だ！

先がとがったスコップのような形で、丈夫な鋼（強度の高い鉄）からできている。大きさは長さ40cmから20cmぐらいまで、大小さまざまなものがあった。

54

苦無の使い方①
穴を掘る

　苦無の本来の使いみちがこれだ。地面を掘って床下に侵入する「穴蜘蛛地蜘蛛の術」（⇒147ページ）のほか、土壁に穴を開けて敵の屋敷に忍び込むときなどにスコップとして使用した。

苦無の使い方②
武器にする

　鋼でできた丈夫な苦無は、武器として使えた。敵の刀を受け止めたり、鋭い先端で相手を刺したり、手裏剣の代わりに投げつけたりと、忍者は戦いのなかで臨機応変に活用した。

苦無の使い方③
石垣を登る

　両手にもった苦無を石垣の石と石のあいだに差し込みながら登れば、素手よりも楽に早く登れる。長い縄をつけて木の枝などに投げて引っかければ、かぎ縄の代わりとしても使えた。

敵の屋敷に忍び込むときに欠かせない忍具
しころ・坪きりの使い方

忍者が敵の城や屋敷に侵入するときに使った忍具を「開器」(または「壊器」)と呼んでいるわ。数ある開器のなかでも、忍者がよく使っていたと考えられているのが、ここで紹介する「しころ」と「坪きり」よ。単純な道具だけれど、よく考えてつくられているわね。

いろいろな「開器」

忍術秘伝書にはさまざまな用途別の開器が紹介されている。そのひとつが、右の「刃曲」だ。これは折りたたみ式のノコギリで、伸ばすと全長50cmほどになるものもあった。鍵穴から差し込んでこじ開けたり、扉の隙間から差し込んで「かんぬき」(扉の内側に通して開かなくする部材)を切ったりする際に使われた。

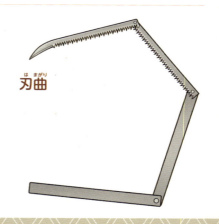

刃曲

どこからでも板を切れるノコギリ「しころ」

「しころ」は木の葉のような形をしたノコギリの一種で、外側をぐるりととり巻いてギザギザの歯がついている。普通のノコギリを使ったことがある人ならわかるだろうけれど、直線状の歯の場合は板の端からしか切れない。ところが、曲線状の歯をもつしころは、板に押し当てればどこからでも切ることができる。だから忍者は板戸や板塀を苦もなく切り破ることができたのだ。

コンパスのように使って穴を開ける「坪きり」

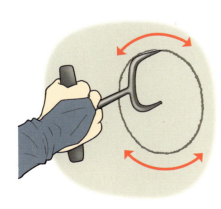

「坪きり」はT字形のもち手に、先がとがったU字形（またはV字形）の先端がついたものだ。土壁や板戸などに突き立てた坪きりを、コンパスのように左右に何度もまわせば穴が開く。ただし、実際に土壁に穴を開けようとしたら時間もかかるし、かなり労力がかかる。内側からかんぬきをかけた板戸に穴を開け、そこから手を入れてかんぬきを外すといった使い方が現実的だろう。

「菱まき退き」の術で敵を足止め。素早く退散！
「逃げるが勝ち」が忍術の極意だ！

忍者には武術の達人のようなイメージもあるけれど、むだな戦いはできるだけしないようにしていた。なぜなら、忍者の使命は敵地で集めた情報を無事に味方のもとへもち帰ることにあったからだ。まさに「逃げるが勝ち」。そのために活用した忍具が「まき菱」だ。

まき菱の秘密

まき菱は追っ手から逃走するときに地面にまいて使った。これを「菱まき退き」の術と呼ぶ。いろいろな素材のまき菱があったけれど、昔の人は草鞋や足袋など底が薄い履物をはいていたので、どれを踏んでも身動きがとれなくなった。鋭いトゲが危険なので竹筒に入れてもち運び、走りながら栓を抜いてばらまいた。

SCIENCE CONAN ●忍者の不思議 [FILE.2]

いろいろな「まき菱」

鉄製のまき菱

鉄菱。トゲの先に返しがあり、刺さったら簡単に抜けないようになっている。

天然のまき菱

菱という植物の実を乾燥させたもの。中身が食べられるので非常食にもなった。

必ずトゲの1本が上にくる形

木製のまき菱

堅い木を三角錐に削った「木菱」。鉄菱より軽くてもち運びしやすかった。

沼地で育つ菱は秋に実をつける。

みんなは、まき菱とよく似た形をした物体を見たことがあるはずだ。そう、海岸や川岸に設置されている消波ブロックだ。両者の形が似ているのには科学的な理由がある。4本脚のイスは脚の長さが少しでも違うとガタガタするよね。でも3本脚のイスはガタつかない。それは「3点を通る平面は必ずひとつ」だからだ。まき菱を適当にばらまいても、必ずとげの1本が上を向くのは、こうした科学的性質があるからなのだ。

59

横にしても縦にしてもロウソクが上を向く
忍者の"懐中電灯"がん灯

懐中電灯がない時代に、忍者はどうやって暗闇を照らしていたのだろう？ 実は忍者も「がん灯」という懐中電灯のような照明器具を使っていた。がん灯は、現代の飛行機や船などにも使われている「ジャイロスコープ」とよく似た不思議な構造をしているぞ。

「ジャイロ」ってなんじゃい？

「ジャイロスコープ」は、飛行機や船が姿勢を制御するために使われる装置だ。2つの軸をもつ輪を組み合わせ、常に水平を保つ「ジンバル」という機構が組み込まれており、船体や機体の傾きを感知することができる。がん灯は、このジンバル機構を利用した、すぐれた照明器具なのだ。

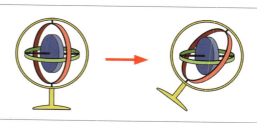

ジンバル機構の内部にある板は、ジャイロスコープ本体を傾けても常に水平を保ち続ける。

がん灯の仕組み

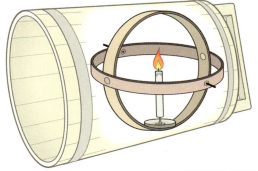

木桶のなかに、ろうそく台を備えたジングル機構が組み込まれている。木桶をどんな角度に傾けても常にろうそくの火が上を向くため、火が消えることはない。

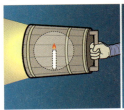

懐中電灯のようなスイッチはないが、下向きにもてば足元だけを照らして、前方からは光が見えなくなる。

 「ジャイロ」をとり入れたおもちゃ

　ジャイロスコープの仕組みを利用して、楽しく科学の原理を学べるコマがある。
　普通のコマと違って回転させるのは本体ではなく、中央の円盤の部分。この円盤を高速で回転させて立てると、軸をどんな方向に傾けても倒れない、とても不思議なコマだ。

水に濡れても火が消えないのはなぜ？
水松明の仕組み

木や竹の先に松脂（松からとった天然の油）などの燃料をつけて火を灯し、照明にしたものを松明というわ。忍者が使った松明のなかには、雨に濡れても火が消えない「水松明」という忍具があったの。どうして雨に濡れても火が消えなかったのかしら？

ものが燃えるのに必要な「3つの要素」って何？

水松明の秘密を解明する前に、まず「ものが燃える」という現象について確認しておこう。ものが燃えるためには、①酸素、②熱、③可燃物の3つが必要だ。つまり、この3つがそろわなければ、物体は燃えないということ。雨に濡れたら熱が冷えて、酸素も供給されにくくなるので、普通は火が消えてしまうはずだけれど……。

水松明が消えないのはどうして？

「水松明」は燃料に硝石（硝酸カリウム）という物質を多く含んでいる。硝石は、温度が400℃になると酸素を放出して激しく燃える。しかし水に濡れると温度が100℃までしか上がらず、酸素を放出できなくなる。水松明が雨のなかでも消えない理由は、燃料に含まれる松脂が水をはじいて硝石が濡れないからなのだ。

硝酸カリウム（KNO_3） → 400℃ → 酸素（O） + 亜硝酸カリウム（KNO_2）

✦ 覚えておこう！ 消火の3要素

消火のためには「燃焼の3要素」のどれかひとつを除去すればいい。水をかけて熱を冷やす、燃える物体をとり除く、消火器を使えば噴出した泡で酸素をさえぎることができる。もちろん火事を見つけたら、真っ先に119番に通報するのが一番大切なのはいうまでもないことだ。

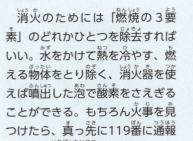

ほんとうは忍者は水の上を歩けなかった!?
水蜘蛛の真実

数ある忍具のなかでもよく知られているのが「水蜘蛛」だ。みんなもマンガやアニメで、忍者が水蜘蛛を足にはいて水面をスイスイと渡っていくシーンを見たことがあるはずだ。でも忍者はほんとうにそんなことができたのだろうか？ 科学的に考えてみよう。

有名だけれど謎だらけの忍具「水蜘蛛」

忍術秘伝書『万川集海』によれば、水蜘蛛の大きさは直径約66㎝、厚さ約15㎝。科学的に計算すると、材料に比重が軽い桐を使えば体重50kg近い人でも浮かせられたことになる。でも実は、水蜘蛛を両足にはいて水面でバランスを保つのは至難の業。すぐに転んでしまう。では、水蜘蛛はどうやって使ったんだろう？

SCIENCE CONAN ●忍者の不思議 [FILE.2]

水蜘蛛の謎を解くヒントはスキーにあり

　雪の上を普通の靴で歩くと沈んでしまうけれど、スキーをはけば沈まない。これは、スキーのほうが雪に接する面積が広いため、雪にかかる圧力（ものを押す力）が分散されるからだ。雪国ではこの原理を利用した「かんじき」という雪に沈みにくい、水蜘蛛によく似た履物が使われている。水蜘蛛の謎を解くカギも、この辺りに隠されているのではないだろうか？

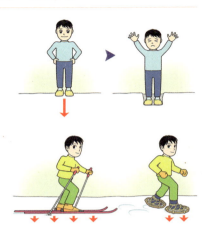

水蜘蛛はどうやって使ったの？

足にはいて泥沼を歩く

底が泥に張りついてしまうのが心配だが、そこに製作の秘伝があったのかもしれない。

またがって舟にする

サイズを大きくすれば浮力が増し、バランスもとりやすくなる。

◆ column 02 ◆

敵の屋敷の奥深くに潜入！
【女忍者「九ノ一」の役割】

女性の忍者を一般的には「くノ一」と呼ぶ。この3文字を組み合わせると「女」という字になるからだ。でも、ほんとうは「九ノ一」と書くそうだ。目や口や肛門など身体の穴が、9つある男性より1つ多いことからそう呼ばれたという。

九ノ一のおもな仕事は、敵の屋敷に女中（下働きの女性）などとして住み込み、内部から情報を集めることだった。男性は「五欲」（⇒112ページ）のひとつ「性」に弱く、女性の前では警戒心をゆるめやすい。九ノ一

はその隙をついたのだ。

また、内側から屋敷の門や戸の鍵を開けたり、「隠れ蓑の術」の手引きをしたりして、味方の忍者の侵入を手助けすることも重要な役割だった。

隠れ蓑の術

屋敷に運び込む荷物に身を隠して忍び込む忍術を「隠れ蓑の術」と呼んだ。女性の荷物だと警戒がゆるむため、屋敷に住み込んだ九ノ一が手引きすることが多かった。

FILE.3
「忍術は科学だ！」之巻

算数を応用すればキミにもできるぞ！
堀の幅や石垣の高さを測る術

みんなのなかには、「算数なんて何の役に立つの？」なんて思っている人はいないかな？　実は、みんなが普段、算数の時間に使っている三角定規も、忍者が使えば立派な「忍具」になるんだよ。算数の勉強をしっかりやれば、忍術を使えるようになるぞ！

三角形の性質を覚えているかな？

みんながもっている三角定規セットのひとつ「直角二等辺三角形」の直角をはさむ２つの辺の長さは必ず等しくなる。算数の時間に、そう習ったはずだ。この定理を応用すれば物差しやメジャーを使わなくても、離れた地点の距離を測ることができる。忍者も敵の城の堀の幅や石垣の高さを測るために使っていたよ。

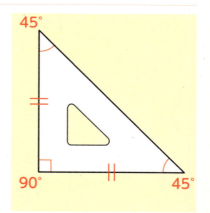

堀の幅を測ってみよう！

①対岸に目印を決めて堀沿いに歩数を数えながら歩く（事前に歩幅を測っておく）。

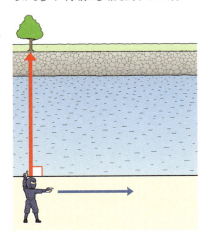

②目印と自分の角度が45度になった地点と出発点のあいだの長さが堀の幅だ。

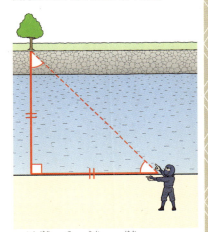

石垣の高さを測ってみよう！

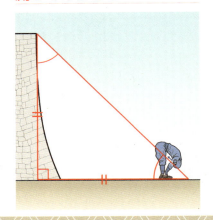

石垣や木の高さを測りたいときにも、直角二等辺三角形の定理が応用できる。

まず左の図のように、股のあいだから測りたい石垣や木をながめる。そのとき、上半身の角度を地面に対して45度にするのがポイントだ。そして、その格好をとったときに、石垣や木の先端が股すれすれに見える場所を見つける。その場所から石垣や木までの距離が、それぞれの高さとほぼ等しいことになる。

知らない土地に潜入しても道に迷わない
科学の力で方位を知る術

忍者は任務のために見知らぬ土地におもむいたわ。でも、現代のような詳細な地図やＧＰＳ（全地球測位システム）もなかった時代に、忍者はどうやって自分のいる場所を知ったのかしら？ 実は科学の知識があれば簡単にわかるのよ。

いつも北にある北極星を見つけよう

地球が南北の軸（地軸）を中心に自転していることは知っているよね。地軸の北側の延長線上に見える北極星は、ほとんど動くことがない。だから夜は北極星を基準に方位をわり出すことができる。北極星の位置は下図のように簡単に見つけられるぞ。

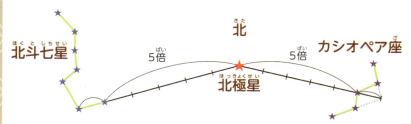

70

忍者が使っていた手づくり「方位磁石」

登山や理科の実験で使う方位磁石（コンパス）は、地球の磁力を利用して方位を調べる道具だ。忍者は方位磁石をぬい針で自作していた。鉄を熱すると磁力を帯びるという性質を知っていたんだね。

②急激に冷やす

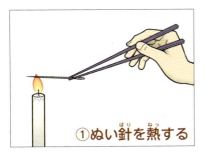
①ぬい針を熱する

③水に浮かべる

鉄の針を熱すると磁石になる理由

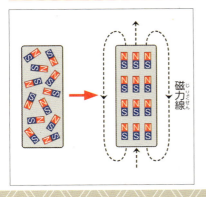

鉄は鉄原子という小さな粒からできている。この鉄原子はもともと磁力をもっているけれど、普段はバラバラの方向を向いて結びついているんだ。ところが、熱するとその結びつきがゆるくなり、地球の磁力の影響を受けてきれいに整列する。そこで瞬間的に冷やしてやると、その状態で安定するわけだ。こうした鉄の性質を利用して、忍者は方位磁石を手づくりしていたんだよ。

時計がなくても忍者は時刻がわかった
太陽や星から時刻を知る術

みんなは時刻を確かめたり、時間を計ったりするときに、時計を使っているはずだ。でも、忍者が活躍した時代には、簡単に時間を計れる時計のような便利な道具はなかった。では、忍者はどうやって時刻を確かめたり、時間を計ったりしていたんだろう？

太陽の位置から時刻をわり出す

昼間は太陽の動きを利用した。忍者が用いた方法は詳しく伝わっていないけれど、太陽の位置で時間を計る「日時計」は、何千年も前から使われてきた技術だ。

地面に立てた棒の影は1時間に15度ずつ動き、影の長さがもっとも短くなるのが昼12時という法則さえ知っていれば、簡単に時刻を知ったり、時間を計ったりできた。

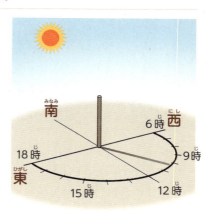

SCIENCE CONAN ●忍者の不思議 [FILE.3]

北斗七星の位置から時刻を知る

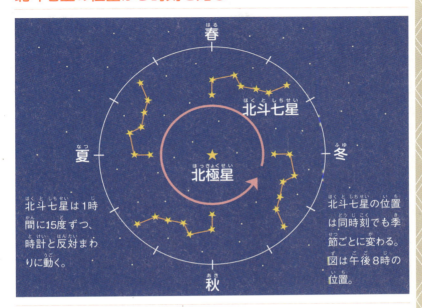

北斗七星は1時間に15度ずつ、時計と反対まわりに動く。

北斗七星の位置は同時刻でも季節ごとに変わる。図は午後8時の位置。

ネコの目で知る!?

忍者が時刻を知るのに使ったといわれているのが、右の図のような「猫の目時計」だ。これは、周囲の明るさに応じて大きさが極端に変わるネコの目の瞳孔（黒目の部分）の性質を利用したものだ。

しかし、日かげや一日中暗い雨やくもりの日には当てはまらない。あまり実用的な方法ではなかったと考えられている。

時刻	5時〜7時	7時〜9時	9時〜11時
目の形	●	●	●

時刻	11時〜13時	13時〜15時	15時〜17時	17時〜19時
目の形	●	●	●	●

73

自然の変化を察知して潜入に最適な日を決める
忍者の天気予報「風雨の占い」

大風や大雨の日は音が聞こえにくくなるので、敵の屋敷に忍び込みやすくなる。だから、忍者にとって天気予報はとても重要だったのよ。ここでは、昔の人が自然を観察して天気を占った「観天望気」のなかから、とくに忍者が使った「風雨の占い」を紹介するわ。

星がまたたきすると3日以内に大風が吹く

夜空の星が揺れ動いて見えたり、チカチカとまたたいて見えたりした数日後には大風が吹くと忍術秘伝書『万川集海』には書いてある。星が揺れ動いたりまたたいたりするのは、上空の空気が不安定になっているから。天候が荒れる前ぶれだ。一般的に知られる「観天望気」では、「星がちらつくと雨になる」とされている。

太陽や月に「かさ」がかかった翌日は雨

太陽や月にもやがかかった状態を「かさがかかる」という。「かさ」は空気中の水蒸気が多くなっているために発生する現象なので、雨が近づいているという予測は、科学的にも正しい判断だ。

ウミツバメが内陸にきたら嵐になる

ウミツバメは普段、海辺で暮らしている鳥だ。そのウミツバメが内陸に飛んでくるのは、嵐の気配を察知して避難するため。一般的な「観天望気」では、ウミツバメではなくカモメとされている。

現代の天気予報は気象衛星のおかげ

現代では「観天望気」に頼らなくても、かなり正確な天気予報ができるようになっている。それは気象観測衛星のおかげだ。宇宙空間から地球の大気中の雲の様子や動き、大気の温度の変化などさまざまなデータを観察することで、より正確に天気の変化を予測することができるようになっている。

地形や植物から水のありかを発見して生きのびる
水を見つける術

厳しい修行を積んだ忍者でも、水を飲まなければ死んでしまう。また、大軍を率いて他国に攻め込むときは、現地での水の確保が重要な課題だったんだ。現代のように水道が発達していない時代には、水を見つけることも忍者の大切な仕事だったよ。

人間の身体の約60％は水でできている

人間は食べ物を2、3週間食べなくても死なないけれど、水を一滴も飲まないと4、5日で死んでしまうといわれている。なぜなら人間の身体の約60％（子どもは70％）を水分が占めているからだ。

水分が不足すると脱水症状や熱中症を起こして危険なので、みんなも暑い日や運動をするときには水分補給をこまめにしよう。

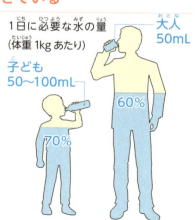

1日に必要な水の量
（体重1kgあたり）

大人 50mL

子ども 50〜100mL

60%

70%

SCIENCE CONAN ●忍者の不思議 [FILE.3]

忍者が知っていた水を見つける方法

動物や植物を観察する

アリの巣（上）やオモダカ、カキツバタ（下）などの水辺に育つ花を目印に近くを探す。

山の形を読む

忍者は山の形を観察して、川が流れていたり、地下水が湧いていたりする場所を見つけた。

地中の音を聞く

地面を深さ1mほど掘り下げて耳をつける。地下水があれば音が聞こえるという。

 ## 砂漠の真んなかでも水は集められる

現代のサバイバル技術では、砂漠や川のない島でも水を見つける方法が考えられている。それが右の図のような仕組みだ。どんなに乾燥している土地に見えても、地中には水分が含まれている。その水分が太陽の熱で水蒸気となって蒸発したものを集めて、水をとり出すわけだ。

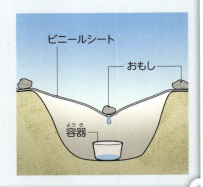

77

戦国時代の忍者は"科学者"だった!?
忍者があやつった最新技術「火薬」

忍者が活躍した戦国時代のなかばにヨーロッパから日本へ伝わったばかりだった火薬は、当時としては最新の科学技術だったんだ。火薬の威力に注目した忍者はいち早くその製法を身につけてさまざまな忍具を開発し、忍術にとり入れたんだよ。

火薬は何からできているんだろう？

忍者が使った火薬は「黒色火薬」と呼ばれるもの。その製法は秘伝中の秘伝だった。黒色火薬のおもな材料は、硝石（硝酸カリウム）と木炭と硫黄。その配分により爆発力を高めたり、煙が多く出るようにしたりと、忍者はいろいろな工夫をしていた。当時、日本ではとれなかった硝石を自作する技術ももっていたんだよ。

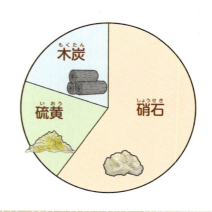

SCIENCE CONAN ●忍者の不思議 [FILE.3]

火薬を使ったいろいろな武器

鳥の子

煙が多く出る配合にした火薬を和紙で何重にも包んだもの。導火線に火をつけて投げ、煙幕を張るのに使った。

大国火矢

大きなロケット花火のような武器。遠方から敵の城や屋敷などに撃ち込んで、火事を起こすことを目的としていた。

埋め火

木箱に大量の火薬を詰めたもの。敵の軍勢が通りそうな道に埋めて待ち伏せし、タイミングを見計らって爆発させた。

現代の戦争でも使われている「地雷」

現代の戦争では、「埋め火」よりも強力な爆発力をもつ「地雷」が使われている。地中に埋められた地雷は、人や戦車の重みを感じて爆発する。戦争が終わったあとも地中に残され、一般の人たちが被害にあうことも多い。そのため国際社会では「対人地雷禁止条約」を結んで使用を禁止している。

79

薬草から薬をつくる術
植物の知識があれば病院も薬局もいらない

薬局に行けば簡単に薬が買える現代とは違い、忍者が活躍した時代には薬も自然の植物などから自分たちでつくっていたのよ。忍者は現代の医師や薬剤師のような存在でもあったのね。薬草はあつかいかたを誤ると危険なので、絶対にまねしないでね。

腹痛、頭痛……忍者が使ったいろいろな薬草

ゲンノショウコ

現代のような消毒された水道水がなかった昔は、生水を飲んで下痢をすることも多かった。忍者が任務の途中で下痢になったら大ピンチだ。ゲンノショウコは下痢止めの薬の原材料。葉や茎に含まれるタンニンという成分が下痢に効くとされている。

ドクダミ

鎮痛や解熱、虫刺されに効能があるといわれる植物。山野に潜むことが多かった忍者には必需品の薬だった。煎じて飲めば風邪や便秘にも効くといわれている。

センブリ

葉や茎を乾燥させてすりつぶし、胃腸薬をつくった。この植物からつくる「センブリ茶」は、現代でも健康のために飲まれているけれど、とても苦い。

ニッケイ

この木の皮を乾燥させたものは、現代ではスパイスの一種「シナモン」として知られている。鎮痛や健胃、解熱などの効能があるといわれている。

薬売り

甲賀忍者の子孫は薬をつくる知識を活用し、江戸時代には薬売りの行商人（店をもたずに各地をまわって商売をする人）として活動した。

薬研

薬をつくるために使った道具。乾燥させた薬草を器に入れ、すりつぶして粉薬をつくった。

薬売りの伝統がある甲賀地方には、今も多くの製薬会社がある。忍術は現代の生活にも役に立っているんだね。

敵を恐れさせた忍者の究極の武器
ものまね厳禁!! 毒薬の秘密

「毒にもなれば薬にもなる」という言葉があるけれど、薬も配合や使用量を変えれば毒になる。薬の知識をもっていた忍者は、敵の屋敷に忍び込むときや、敵を暗殺（ひそかに殺害すること）するときのために、猛毒もつくっていたんだ。絶対にまねしてはいけないぞ！

天敵イヌ対策の秘薬「馬銭子」

いくら身を隠す術にすぐれている忍者でも、イヌの鋭い嗅覚（⇒141ページ）にはかなわない。そこで忍者は番犬のいる屋敷に忍び込むとき、馬銭子という植物からとった猛毒を用意し、おにぎりなどに混ぜてイヌに食べさせ殺してしまった。かわいそうだけれど、任務のためには仕方がなかったんだね。

自然界の「毒」を利用したいろいろな毒薬

トリカブト

トリカブトの球根には猛毒が含まれている。忍者はトリカブトからとった毒を手裏剣や吹き矢の先に塗って使ったといわれている。

阿呆薬（大麻）

麻の葉からつくる麻薬の一種。これを飲ませると、頭がボーっとして阿呆のようになるため「阿呆薬」と呼ばれた。

マメハンミョウ

体長12～17mmほどの昆虫。忍者は、猛毒を含んだこの昆虫の体液を、手裏剣や吹き矢に塗って使った。

ドラッグに手を出したら絶対ダメ！

倦怠感をもたらす「大麻」という麻薬は、日本では現在も「大麻取締法」という法律で栽培・製造・所持が厳しく禁じられている。半面、大麻は適切な量を使えば麻酔薬になるため、けがや病気の痛みに苦しむ人が使う医療用の目的に限って、大麻の製造・販売などを認めている国もある。

実験！ 忍者の手紙を書く

キミも忍者になって秘密の手紙を友だちに届けよう！

敵地に潜入して集めた情報を送ったり、仲間の忍者への命令や報告を伝えたりするため、忍者はさまざまな工夫をしていたわ。みんなにも簡単にできる「あぶり出し」もそのひとつ。「忍びいろは」という暗号を使って手紙を書けば、ばっちり秘密は守られるわね。

科学の原理で秘密を守る「あぶり出し」

物質が燃える温度（燃焼温度）には、物質ごとに違いがある。「あぶり出し」は、果汁を含んだ部分とそうでない部分の燃焼温度の違いを利用したものだ。

用意するもの
・ミカンやレモン
・小皿　・筆　・白い紙

①ミカンなどの果汁を小皿にしぼる。

ミカンやレモンを半分に切って、小皿にしぼって果汁を集めよう。

SCIENCE CONAN ●忍者の不思議 [FILE.3]

②しぼった果汁を筆につけて、紙に文字や絵をかく。
下の表を参考にして「忍びいろは」を使うと、より忍者っぽくなるぞ。

③紙をあぶると、絵や文字が浮き上がってくる。
火傷に気をつけて必ず大人の人と一緒にやろう。あぶり過ぎて紙が燃えないように注意。

忍者が使った「忍びいろは」をマスターしよう！

忍者が暗号用につくった創作文字。敵に解読されないように、「つくり」と「へん」の組み合わせは任務のたびに変えていたぞ。

つくり＼へん	木	火	土	金	氵	亻	身
色	框(い)	炮(ろ)	垉(は)	鉋(に)	洍(ほ)	佫(へ)	躳(と)
青	梼(ち)	煋(り)	靖(ぬ)	錆(る)	清(を)	倩(わ)	靗(か)
黄	横(よ)	熿(た)	墴(れ)	鐄(そ)	潢(つ)	僙(ね)	躾(な)
赤	株(ら)	烑(む)	赤(う)	鉌(ゐ)	沭(の)	侎(お)	躰(く)
白	柏(や)	焆(ま)	垍(け)	鉑(ふ)	泊(こ)	伯(え)	鮊(て)
黒	檦(あ)	燻(さ)	堁(き)	鐭(ゆ)	潶(め)	僄(み)	軆(し)
紫	檠(ゑ)	燨(ひ)	墆(も)	鐅(せ)	澯(す)	僣(ん)	躲(ぴ)

85

◆ column 03 ◆

科学を発展させた「暗号」との戦い
【暗号解読とコンピュータ開発】

現代の生活や仕事に欠かせない存在がコンピュータだ。そのコンピュータが開発されたのは第二次世界大戦中のこと。目的は暗号解読だった。

当時、ドイツが使っていた暗号「エニグマ」は、忍者の「忍び文字」とは比べものにならないほど複雑だった。人間が解読するには、長い時間がかかってしまう。そこでドイツと戦っていたイギリスは暗号解読機の開発に着手。数学者のアラン・チューリング博士らの協力で「ボンバ」という機械を開発した。

ボンバを使ったイギリスはエニグマの解読に成功したが、そのころにはドイツはさらに複雑な暗号「ローレンツ」を開発していた。そこで再びイギリスは新たな暗号解読機を開発する。それが、事実上の世界初のコンピュータ「コロッサス」だった。しかし、極秘とされたコロッサスの技術は、戦争が終わっても一般に公開されなかった。そのため、戦後の1946年に米国で開発された「エニアック」に世界初のコンピュータの称号をゆずることになってしまったのだ。

🔴 ローレンツ暗号機

VS

🇬🇧 コロッサス

FILE.4
「キミにもできる!?　忍術修行」之巻

音を消して静かに忍び寄るための
秘伝「抜き足、差し足、忍び足」

みんなは「抜き足、差し足、忍び足」という言葉を知っているかな？ これは静かに歩くときに使う言葉なんだけど、その語源は忍者の歩き方（歩法）にあるんだ。そのほかにも忍者は状況に合わせたいろいろな歩き方を編み出していたぞ。みんなもやってみよう。

忍者の歩き方十か条

1. 抜き足……足をそっと抜くようにして上げる歩き方。
2. すり足……地面にするように足を進める。まき菱を踏む心配がない。
3. しめ足……内股をすり合わせるように歩く歩き方。
4. 飛び足……川の石を飛ぶように左右の足で跳ねながら進む。
5. 片足……「けんけん」のように片足で跳ねながら進む歩き方。
6. 大足……大股で歩くこと。
7. 小足……小股で歩くこと。
8. きざみ足……常に同じ側の足を前にして小刻みに歩く。
9. わり足……早歩きのこと。壁を背にして進む「横走り」など。
10. 常の足……普通の歩き方。現代人のように手は振らなかった。

これが、「抜き足、差し足、忍び足」だ！

かかとからゆっくり上げ（抜き足）、小指側から静かに下ろす（差し足）。2つを合わせて「忍び足」と呼んだ。

真草兎歩

忍び込んだ屋敷で寝ている人の枕元を通るときなど、絶対に音を立ててはいけないときに使った歩き方よ。

現代のマラソンランナーもびっくり!?
忍者走法でより速く、より遠くへ

敵から素早く逃れたり、手紙をいち早く届けたりするため、忍者は速く遠くへ走れなければならなかったわ。厳しい修行できたえた忍者は、短距離走も長距離走もどちらも得意だったのよ。忍者走法を身につけたら、みんなも運動会で大活躍できるかもしれないね。

江戸から鹿児島960kmを7日間で走破!

忍者は驚くほど速く、遠くまで走れたそうだ。どれだけすごいかというと、江戸時代にこんな記録が残っている。ある忍者が7日間で江戸（東京都）から鹿児島まで960km走ったというのだ。1日にすると約140km。マラソン競技（42.195km）を1日で3回ちょっと走った計算になるぞ。

より速く走るための忍者式トレーニング法

驚異的な走力をもっていた忍者は、一体どんなトレーニングをやってきたえていたのだろう？

よく知られているのが右の2つのような方法だ。ひとつは身体に長い布をつけて、その先端が地面につかないように走る訓練。最初は短い布からはじめて、じょじょに長くしていった。

もうひとつは、胸に笠や紙などを当てて、それを落とさないように走る訓練だ。みんながチャレンジするときは、簡単な紙のほうからはじめてみよう。

腰に長い布をつけて先端が地面につかないように走る。

胸に当てた笠を落とさないようにダッシュする。

長く走るための「忍者式呼吸法」とは？

息を切らさず長距離を走るためには呼吸法が大切だ。ジョギングの場合、足のリズムに合わせて「吸・吸・吐・吐」または「吸〜、吐〜」が基本だけれど、忍者は「二重息吹」という特殊な呼吸法を行った。「吸・吐・吐・吸、吐・吸・吸・吐」。呼吸に集中でき、疲れを感じにくかったという。

オリンピック金メダリストも真っ青！
忍者のジャンプ力〜跳躍術

木から木へ飛び移ったり、壁を飛び越えたり、忍者は身軽でなければつとまらなかった。そのため忍者は、日々ジャンプ力をきたえるために厳しい跳躍術修行を重ねていた。忍者のジャンプ力がどれだけすごかったのか、まずはオリンピック選手と比べてみよう。

助走なしで走り高跳びの世界記録を超える

走り高跳びの世界記録はキューバのソトマヨール選手がもつ2m45㎝（2016年現在）。これは20年以上も破られていない大記録だ。でも忍者のなかには、走り高跳びのように助走をつけずに、約2m70㎝も跳躍できた者もいたという。オリンピック大会に出場したら金メダル間違いなしだ！

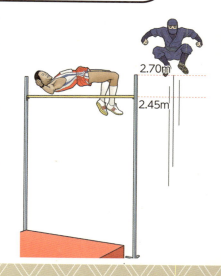

ジャンプ力をきたえる忍者式トレーニング法

成長の早い植物を植えて毎日、飛び越える

麻を植えて毎日飛び越える。はじめは楽ちんだ。

麻の成長に合わせてジャンプ力も伸びる。

麻は2か月で大人の背丈ほどに成長する。

壁などに立てかけた板を駆け上がる

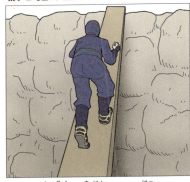

この修行は危険なので決してまねをしないように。代わりに坂道ダッシュをやってみよう。

毎日少しずつでも努力を続ければ、能力は必ず高まっていくわ。スポーツや勉強も同じだから、みんなも頑張ってね。

人間はきたえれば暗闇でも目が見える!?
忍者の目は暗視スコープだ!

夜間に敵の城に忍び込んだり、床下や天井裏に潜んで情報収集をしたり……。忍者は暗闇で行動することが多かった。「がん灯」(⇒60ページ)も使ったけれど、敵に見つかりやすくもなる。だから忍者は照明なしでも暗闇で行動できるように視力をきたえていたんだ。

明るさによって変化する瞳孔の仕組み

ものを見るには光が必要だ。目に光をとり入れる役割をもっている器官を「瞳孔」という。黒目の中心部分のことだ。暗い場所に入ると人間や動物の目の瞳孔は、より多くの光をとり入れようとして大きくなる。反対に明るい場所に出ると、目に入る光の量を少なくするために小さくなる。

明るい場所での瞳

暗い場所での瞳

SCIENCE CONAN ●忍者の不思議 [FILE.4]

修行を積めば夜でもものが見えるようになる？

明るい場所から暗い場所へ入ると、はじめはものがよく見えない。瞳孔がすぐに暗さに反応できないからだ。そこで忍者は、明るい場所と暗い場所を行き来して、瞬時に瞳孔が反応するようにきたえていた。これを「明暗之法」という。暗闇になれる方法には、明るい場所で片目をつぶっておき、暗い場所に入ったときに開くというものもある。つぶっていた片目はすぐに暗闇に順応するためだ。

忍者もやっていた、視力アップのトレーニング

日本人の小学生の約3割は視力1.0未満だ。ところがアフリカには平均視力3.0を超える部族もいるという。生活環境の違いもあるけれど、人間の視力にはそれだけの可能性があるのだ。

遠くから敵の城や屋敷を偵察する「間見術」のため、忍者も視力を高める訓練を行っていた。その方法がこれだ。目の焦点を合わせる筋肉がきたえられ、視力が向上するといわれている。

①遠くのものを見る

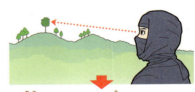

②近くのものを見る

95

聴力をきたえてひそひそ話も聞き逃さない
秘密の修行「小音聞き」

忍者は情報収集のために目だけでなく耳も使った。遠くからひそひそ話を聞いたり、天井裏や床下から室内の話を聞いたり、小さな音を聞きもらさない聴力が忍者には必要だった。そのため忍者は専用の忍具を開発したり、聴力を高める修行を積んだりしたんだ。

「盗み聞き」は忍者の重要な仕事

他人の話を盗み聞きするのは悪いことだ。でも、忍者にとっては、敵が聞かれたくない話を聞きとるのも重要な仕事。そのため忍者は、小さな音を聞くための聞き筒という金属でできた折りたたみ式の筒を使っていた。筒のなかで音が反響するために、「聞き筒」を使うと小さな音でもよく聞きとることができた。

SCIENCE CONAN ●忍者の不思議 [FILE.4]

針の落ちる音を聞く修行法「小音聞き」

　忍者が聴力をきたえるために行っていたのが、この「小音聞き」と呼ばれる修行法だ。砥石（刃物を研ぐための石）の上にぬい針を

落として、その音を聞き分ける修行で、なれてきたら、じょじょに距離を離していく。さらに修行が進むと、複数のぬい針を同時に落とし、その本数を聞き分ける訓練も行った。

　普通の会話の音の大きさは60デシベル（音の大きさの単位）、置き時計の秒針の音が10デシベルだといわれている。秒針の音よりはるかに小さなぬい針の落ちる音が聞こえる忍者なら、普通の会話を盗み聞きするのは簡単だったろう。

耳の不自由な人をたすける補聴器

　忍者は修行によって聴力をきたえたけれど、現代では便利な装置が活用されている。それが耳の不自由な人が使う補聴器。科学的に音を増幅して、聞きやすくする器具だ。最近は「骨伝導補聴器」といって、鼓膜ではなく耳骨に直接振動を与えることで音を伝える補聴器も普及している。

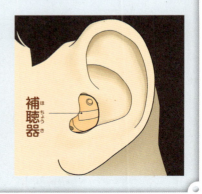

補聴器

高い石垣を軽々登って城に侵入！
忍者流クライミング術

城や屋敷に忍び込む忍者をはばむもの。その代表的なものが高い石垣（⇒39ページ）や壁よ。石垣や壁を乗り越えるために、忍者は肉体をきたえたり、専用の忍具を発明したりしていたわ。

2本の指だけで体重を支えた驚異の握力

素手で石垣を登ったり、かぎ縄の縄をつかんで身体を引き上げたりするには、相当強い握力が必要だ。握力をきたえるために忍者がやっていたのが、親指と人差し指で米俵（約60kg）をもち上げる修行だった。これができれば、天井の「さん」に2本指でぶら下がれたという。だから忍者は体重を60kg以下に維持していたのだ。

SCIENCE CONAN ●忍者の不思議 [FILE.4]

素手で石垣や崖を登る技術「3点支持」

石垣や崖を登るときに大事なのは、常に3点で壁面を確保し、しっかり身体を支えていることだ。

現在も素手で岩や壁を登るフリークライミングというスポーツで使われる基本技術だ。

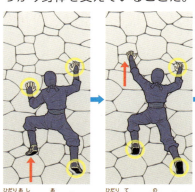

左足を上げる　左手を伸ばす　右足を上げる　右手を伸ばす

忍者が考え出した いろいろな「登器」

忍者が石垣を登ったり、高い壁を乗り越えたりするときに使った忍具を「登器」と呼ぶ。かぎ縄のほかに、まるめて携帯できる「巻きばしご」や「飛びばしご」など、さまざまなものがあった。竹でつくった「飛びばしご」は普通のはしごのように一歩一歩登らずに、竹のしなりを利用してうさぎ跳びのように登ったといわれている。

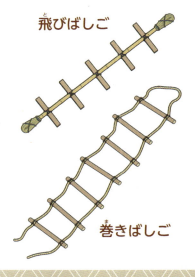

飛びばしご

巻きばしご

99

「力の分散」で落下の衝撃を巧みに吸収
高所からの着地術

上ったら下りるのは当たり前のこと。とくに忍者が敵から逃走するときには、高いところから飛び降りなければならないことも多かった。でも、飛び降りてけがをしてしまったら忍者失格だ。そのために忍者は、飛び降りるための技術も磨いていたんだ。

両手両足で着地の衝撃を吸収する

高所から飛び降りてけがをしないためには、着地の衝撃をいかに少なくするかがポイントだ。体重60kgの人間が高さ3mから飛び降りたとき、両足にかかる衝撃は約3トン。片足で1.5トンという計算になる。でも、両手両足で着地すれば、それぞれにかかる衝撃は約0.7トンで済む。だから忍者は両手両足で着地をしたのだ。

SCIENCE CONAN ●忍者の不思議 [FILE.4]

着物を使ったパラシュート「地降傘」の術

　「地降傘」の術は科学的には効果が期待できない。パラシュートの仕組みは「傘」を開くことで空気抵抗を増して、落下速度を調節するというもの。着物にはパラシュートのように空気抵抗を増す力がないので、ほとんど効果はなかったと考えられる。

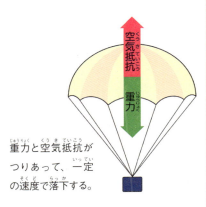

重力と空気抵抗がつりあって、一定の速度で落下する。

ロープの摩擦を利用した「懸垂下降」

　「懸垂下降」は、登山家や消防士が高所からロープを使って降りるときに使う方法。身体にロープを巻きつけることでロープと服の「摩擦力」を高め、落下の速度を調整する技術だ。摩擦力は物体と物体がこすれ合う際に生じる力のことで、摩擦力が大きいほど物体は動きにくくなる。

101

シンクロナイズド・スイミングのルーツ!?
忍者式スイミング

忍者が敵の城に侵入しようとしたとき、高い石垣とともに行く手をはばんだのが水をたたえた堀だったわ。プールでの水泳と違って、忍者は武器や荷物をもったまま、しかも静かに泳ぎ渡らなければならなかったのよ。だから忍者は水泳の達人でもあったのね。

重い甲冑をつけても泳げた武士

忍者に限らず武士にとって「水泳」は必修科目だった。戦場で甲冑をつけたまま泳がなければならないことも想定し、独特の「甲冑泳法」が生み出された。重さが30～40kgもある甲冑を身につけて沈まずに泳げたのだから、すごい技術だ。昔の武士たちが練習していた泳ぎ方は、現在も「古式泳法」として伝えられている。

SCIENCE CONAN ●忍者の不思議 [FILE.4]

キミはできるかな？　立ち泳ぎ

水球

シンクロナイズド・スイミング

　水中で両足を交互にぐるぐるまわして、立ったまま前後左右に移動する立ち泳ぎ。現代の水球やシンクロナイズド・スイミングでも使われている技術だ。

忍者は「浮袋」も使っていた!?

　忍者は動物の腸に空気を入れてふくらませた浮袋も使っていた。でも、泳げない忍者がいたわけではない。静かに泳ぐことを重視する忍者は、必要以上に手足をバタバタさせて水音を立てないように浮袋を使っていたのだ。イラストのようにたすきがけにする浮袋を「浮きだすき」、腰につける浮袋を「腰玉」と呼んだ。

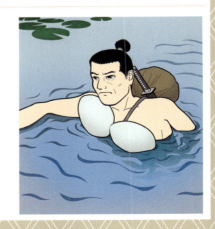

ウズラ、キツネ、タヌキ……動物たちに学べ！
敵から身を隠す〜隠形術

忍者は、「音もなく、においもない」存在だといわれていた。それは忍者が身を隠すのがとてもじょうずだったからだ。敵に忍び寄るときや、敵の追跡を振り切るときのため、忍術には「隠形術」という術があった。そのなかから、代表的な4つの方法を紹介するぞ！

観音隠れ

人間は他人の顔を認識する能力が発達している。天井のシミや崖の岩などが、人間の顔のように見えることがあるのはそのためだ。人間のこうした習性を逆手にとった隠形術が、この「観音隠れ」だ。着物の袖で顔を隠して物陰でひっそり息を殺していれば、目の前を通った人にも気づかれなかったという。

SCIENCE CONAN ●忍者の不思議 [FILE.4]

うずら隠れ

ウズラは危険を感じると首をすくめてまるくなる。そこからヒントを得た隠形術が「うずら隠れ」だ。岩や植え込みの陰で身体をまるめ摩利支天の呪文（⇒118ページ）を唱え、敵をやり過ごした。

ウズラ

きつね隠れ

猟犬に追われたキツネは水に入ってにおいを消し、嗅覚の鋭いイヌの追跡をかわす。キツネのこうした習性をまねた隠形術が「きつね隠れ」。水中に身を潜めて敵の追跡をかわす術だ。

たぬき隠れ

タヌキは外敵に追われると木に登って身を隠すという。「たぬき隠れ」は、そんなタヌキの習性に学んだ隠形術だ。人間の視線が上に向きにくい性質をうまく利用している。

忍術の奥義は「逃げるが勝ち」にあり!?
火・水・木・金・土「五遁の術」

忍者の使命は情報収集にある。でも、せっかく情報を集めても、味方に届かなければ意味がない。無事に情報を届けて、はじめて任務完了となるのだ。そのためにはむだな戦いを避け、何があっても逃げ切ることが大切だ。「逃げるが勝ち」は忍者のためにある言葉だ。

身のまわりのあらゆるものを利用して逃げのびろ!

忍者は逃げるために手段を選ばなかった。身のまわりのあらゆるものを臨機応変に利用する「遁走術」を駆使して、とにかく敵の手から逃れることを考えたのだ。遁走術は大きく「天遁」「地遁」「人遁」の3つに分けられる。よく知られる「火遁の術」や「水遁の術」など「五遁の術」は、「地遁」のなかに含まれる。

天遁（てんとん） 太陽や月、雨や風、雷など気象現象を利用して逃げる術。

地遁（ちとん） 地上にあるものを利用して逃げる術。「五遁」を含む10種類があった。

人遁（じんとん） 人間や動物、昆虫や魚などの生き物を利用して逃げる術。

SCIENCE CONAN ●忍者の不思議 [FILE.4]

これが五遁の術だ！

身のまわりのものを利用して逃げるのが「五遁の術」だ。

水遁
水音を立てて敵の目をくらませるなど、水を使った術。

火遁
火事を起こして混乱している隙に逃げるなど、火を使った遁走術。

金遁
まき菱や手裏剣など、金属でつくった忍具を使った遁走術。

木遁
立てかけてある材木を倒して敵を足止めするなど、木を利用する。

土遁
土を使う術。くぼ地に身を隠したり、砂を目つぶしにしたりする。

これさえ身につければ、テストはいつも満点!?
忍者式記憶術に学べ！

テストの前日に一夜漬けで勉強したけれど、いざ本番になったら全部忘れていたなんて経験はない？　そんな人には忍者の記憶術がおすすめよ。見たり聞いたりしたことを忘れないように、忍者はいろいろな記憶術を身につけていたわ。

忍者が使った究極の記憶法「不忘の術」

忍者が絶対に忘れてはいけないことを覚えるために使ったのが、この「不忘の術」だ。その方法は、物事をひとつ覚えるときに、同時に自分の身体を傷つけるという恐ろしいもの。痛みを思い出したり傷痕を見たりすると、一緒に記憶もよみがえってくるそうだ。危険な術だからみんなは絶対にまねしてはいけないよ。

絶対に忘れない……

SCIENCE CONAN ●忍者の不思議 [FILE.4]

これならできる！　人体置き換え記憶術

「不忘の術」はまねできなくても、これならできそうだ。これは数字を身体の部分に置き換えて覚える記憶術。忍者がおもに数字を覚えるときに使った方法だ。たとえば、織田信長が最初に伊賀国に攻め込んだ「1578年」は、「頭・口・胸・お腹」と覚える。軽くその部分を叩きながら覚えると、さらに効果があるという。言葉や文章と違って数字のように「意味がない」ものを覚えるときには、このように具体的なものに置き換えて覚えるのがいいそうだ。

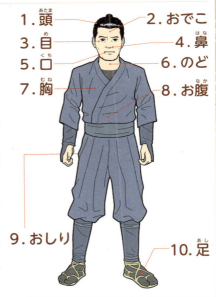

1. 頭
2. おでこ
3. 目
4. 鼻
5. 口
6. のど
7. 胸
8. お腹
9. おしり
10. 足

 ### 現代のスパイ適性試験「瞬間記憶術」

以前、イギリスの情報機関MI5（エム・アイ・ファイブ）が、スパイ採用試験の一部をインターネットで公開したことがある。そのひとつが「瞬間記憶」。数秒間見た動画に何が映っていたかを答えるというものだ。右のような訓練を重ねると、瞬間記憶力は向上するそうだよ。

①写真を数秒間よく見る。

②写真を裏返し、絵に描いてみる。

電話やメールがなくても問題なし！
早く、遠くへ伝える伝達術

敵地に潜入して集めた情報は、できるだけ早く味方に送り届けなければならない。でも、現代のような電話もメールもなかった時代に、忍者はどうやって情報を遠くへ素早く送っていたのだろうか？　現在も使われている通信術を手がかりにして考えてみよう。

昼間は手旗信号

両手にもった旗を振り、遠くへ情報を伝える技術が「手旗信号」だ。江戸時代には手旗信号で大坂から江戸へ約8時間で情報を伝えていたというから、きっと忍者も使っていたはずだ。右は、現在も船と船のあいだの連絡で使われる「和文手旗信号」で、「コナン」と送る方法だ。14のポーズの組み合わせで五十音を表現するんだよ。

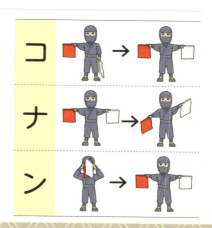

110

夜はがん灯で「飛脚火」

夜の情報伝達には、がん灯（⇒60ページ）の明かりを使った。事前に決めておいたルールにしたがって光を長短のリズムで点滅させ、情報を送ったのだ。これを「飛脚火」と呼ぶ。同じような原理の現代の通信技術「モールス信号」でSOS（遭難信号）を送ると、下のようになる。

モールス信号機の仕組み

「モールス信号」は、「・（トン）」「－（ツー）」という２つの記号を組み合わせて情報（文章など）を伝達する仕組みだ。19世紀なかごろに米国で考案された技術で、初期は下のイラストのような専用の「モールス信号機」を使って送受信されていた。

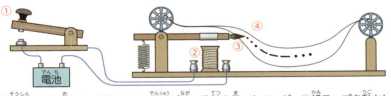

①送信キーを押すと電気が流れる。

②コイルに電流が流れ電磁石になる。

③鉄を巻いたペンが磁力で吸いつく。

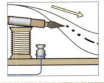

④紙テープを動かして信号を記録する。

さぎに引っかからないために知っておきたい
他人の心をあやつる忍者の秘術

忍者の役割のひとつに情報を操作して「敵を惑わせること」があったわ。そのために忍者は人間の心にある「五情」「五欲」を利用して、敵を自由自在にあやつったのよ。他人の心をあやつるとても悪い行いだけど、それも忍者の仕事のひとつだったのね。

忍者は人間の感情と欲望に働きかける

いま日本では「振り込めさぎ」などの、人をだましてお金を奪う犯罪が大きな問題になっている。他人をだますとき、さぎ師は忍者と同じく「五情」や「五欲」を利用する。たとえば簡単なもうけ話にだまされてしまうのは、「金銭欲」につけ込まれてしまうからだ。みんなもさぎの被害にあわないように、忍者の手口を学んでおこう。

絶対にもうかります

チョロイ
チョロイ

SCIENCE CONAN ●忍者の不思議 **[FILE.4]**

これが「五情」だ！

喜
相手を喜ばせたり、おだてたりして、気をゆるませる。

哀
悲しみに沈んでいる人にやさしい言葉をかけて近づく。

怒
相手をわざと怒らせて、冷静な判断ができないようにする。

楽
相手を楽しませて会話をはずませ、秘密をしゃべらせる。

恐
相手を怖がらせたり、おどしたりして、従わせる。

これが「五欲」だ！

食
好物やおいしい食べ物をごちそうして、相手にとり入る。

性
異性を好きになる気持ちを利用して、冷静な判断力を奪う。

名声
偉くなったり、有名になったりしたい気持ちを利用する。

財
お金やぜいたくな品物を餌にして、相手の心を動かす。

風流
共通の趣味を利用して親しくなり、相手の気をゆるませる。

113

どんなときにも忍者はあわてず騒がず
心をきたえる修行①整息法

敵地に潜入すれば、まわりは敵だらけ。いつも生死の境で任務を遂行していた忍者は、並たいていの心のもち主ではつとまらなかった。だから忍者は、どんなピンチにおちいっても動じない心の強さを手に入れるために、「整息法」という修行を行っていたんだ。

心を落ち着かせる「セロトニン」って何？

人間の心の状態は、脳から分泌される「脳内物質」に強く影響されている。心が安定している状態では、脳内物質のひとつセロトニンが多く分泌されている。セロトニンを分泌させるのに効果的なのが、深くゆっくりした呼吸だ。スポーツなどの大事な場面で、監督が「深呼吸をして落ち着け！」というのは、そのためなんだよ。

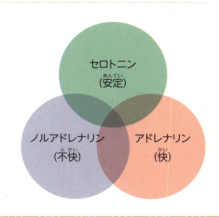

SCIENCE CONAN ●忍者の不思議 [FILE.4]

心を落ち着かせる
忍者式呼吸法

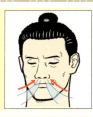

① 鼻から少しずつ息を吸う。

② 息をお腹にためて、全身に行きわたるのを意識する。

③ 鼻から少しずつ息を吐く。

　忍者が心をきたえた修行「整息法」のやり方は右の通りだ。ポイントはお腹を意識した腹式呼吸で行うこと。みんなも大事なテストや試合の前にやってみよう。

 ## 現代のビジネスマンもとり入れている座禅修行

　仏教の修行方法のひとつ「座禅」も、「整息法」と同じ効果をもっている。足を組んで座り、ゆっくり呼吸をしていると、自然と心が落ち着いてくる。最近は社員研修に座禅をとり入れている会社もたくさんある。毎日忙しく働いているビジネスマンも、忍者と同じような修行をしているんだね。

115

科学的にも認められた忍者の呪文の効果とは？
心をきたえる修行②　九字護身法

重要な任務の前やピンチのとき、忍者が行ったのが「九字護身法」だ。両手を組み合わせて「印」を結びながら、「臨・兵・闘・者・皆・陣・烈・在・前」と唱えれば、たちどころに心が落ち着いたという。その効果は三重大学医学部の研究でも確かめられているぞ。

キミもやってみよう！　九字護身法

臨「りん」と唱えながら左右の手を組んで、人差し指を立てて指先を合わせる。

兵「ぴょう」と唱えながら左右の手を組んで、立てた人差し指に中指をからませる。

闘「とう」と唱えながら両手とも中指と人差し指をからませ、親指・薬指・小指を合わせる。

SCIENCE CONAN ●忍者の不思議 [FILE.4]

者「しゃ」と唱えながら両手とも中指と薬指をからませ、人差し指を立て合わせる。

皆「かい」と唱えながら右手の親指が外側にくるようにして、左右の手を組む。

陣「じん」と唱えながら指を内側に入れて両手を組む。左の親指が内側になるように。

烈「れつ」唱えながら左手を人差し指のみ立てて握り、立てた人差し指を右手で握る。

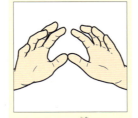

在「ざい」と唱えながら両手を開き、左右の親指と人差し指の先を合わせる。

前「ぜん」と唱えながら左手を握って右手を上へ乗せ、最後に「ボロン」と唱える。

早九字

急いでいるときには「早九字」を行った。右手で「刀印」（左イラスト）をつくり、「臨・兵・闘・者・皆・陣・烈・在・前」と唱えながら、①から⑨の順に空中を切るような動作をする。

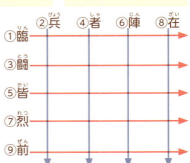

◆ column 04 ◆

困ったときは忍者だって「神頼み」
【忍者と信仰の深〜い関係】

忍術と宗教には深いつながりがある。とくに修験道は忍術の発展に大きな影響を与えた。険しい山中で修行を積む修験道の行者＝山伏は、自然について深い知識をもち、呪術も身につけていた。そのまま忍術に応用できる能力だ。伊賀や甲賀の周辺には山伏が修行した山が多く、忍術が発展する重要な条件のひとつになったと考えられている。

こうした忍者が深く信仰したのが、戦いの神・摩利支天だっ

仏教を守護する神のひとり摩利支天。戦いの神として信仰された。

滋賀県甲賀市にある油日神社。油や火の神として忍者の信仰を集めた。

た。摩利支天を信じると護身にご利益があるとされ、忍者は隠形術（⇒104ページ）を行う際、「オン・アニチ・マリシエイ・ソワカ」という摩利支天の真言（呪文）を唱えたという。両手を組む「忍者ポーズ」も、実は「九字護身法」（⇒116ページ）という密教や道教の修行法。忍者は意外に信心深かったのだ。

118

FILE.5
「現代の最新科学 『忍具』」之巻

災害救助などで活躍する自動式登高機
パワーアッセンダー

ロープを握って上り下りするためには、忍者のようにきたえ抜かれた握力が必要だわ。でも、このパワーアッセンダーを使えば、強い力がなくても素早く安全にロープを上ったり下りたりできるのね

強力なモーターでロープを巻き上げる機械

「アッセンダー」は、ロッククライミング（切り立った岩壁を登る登山）などで使われる登高機。ロープに装着すると滑らなくなる機構をもつ装置だ。手動式のアッセンダーが主流だが、近年は電動モーターやエンジンを動力とする自動式のパワーアッセンダーが普及しはじめている。

災害救助や高所作業が楽になる

　パワーアッセンダーは、おもに災害救助や高層ビルの窓掃除や橋げたの点検といった、高所作業の現場で使われている。従来の手動式アッセンダーより操作が簡単で、より重い物体を上げ下ろしできるパワーアッセンダーのおかげで、災害救助や高所作業の仕事がより安全かつ素早く行えるようになっている。

ヘリコプター救助で活躍する「ホイスト」

　パワーアッセンダーによく似た機械に「ホイスト」がある。ホイストは、ロープやチェーンを巻き上げるための機械だ。工場の天井に装着してクレーンとして使われるほか、ヘリコプターに搭載して災害救助で活用されている。歩いて救助に近づけなかったり、ヘリコプターが着陸できなかったりする場所で救助をする際、威力を発揮する装置だ。

か弱い女性や子どもを守る現代の「暗器」
催涙スプレー

か弱い女性や子どもを狙った犯罪者は、絶対に許せないわ！ 犯罪者に襲われそうになったときに相手をひるませて、その隙に逃げるチャンスをつくるための道具が、この「催涙スプレー」よ。
忍者が使っていた「目つぶし器」の現代版ね。

忍者が使っていた携帯式「目つぶし器」

忍者が逃走するときに使った忍具はまき菱（⇒58ページ）だけではない。「目つぶし器」もそのひとつだ。これは、手のひらに入るくらいの大きさの容器に吹き口と吹き出し口をつけたもの。なかには鉄の粉や砂などでできた目つぶし粉が入っており、近づいた相手の顔に吹きかけた。

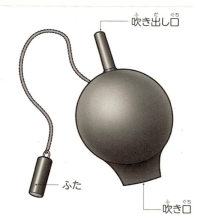

強力だけど所持や使用には注意が必要

現代の「目つぶし器」にあたる道具が催涙スプレーだ。コショウやトウガラシ液などを原料とした液体を噴射するスプレーで、警察が犯人を傷つけずに捕まえたり、力の弱い女性が痴漢から身を守ったりするために開発されたものだ。日本の法律では、正当な理由がなくもち歩いたり、使用したりすると罪に問われるので、注意が必要だ。

警察も使っている「催涙ガス弾」

大きな暴動が起こったとき、人びとを傷つけずに事態を収めたり、建物などに立てこもった犯人を傷つけずにとり押さえたりするときに警察が使用するのが催涙ガス弾だ。爆発すると化学物質からできたガスが発生して周囲に広がり、涙やせき、クシャミなどが止まらなくなる。

人間の身体能力を科学の力でパワーアップ！
パワードスーツ

忍者は任務遂行のために、さまざまな修行を積んで身体能力を高めていた。そうはいっても、人間の能力には限界がある。そこで開発されたのが「パワードスーツ」などと呼ばれる装置だ。これを身につければ忍者顔負けの超人的パワーを発揮することができるぞ。

重い荷物を楽らく運べるようになる

「パワードスーツ」が求められているのは、農林水産業や工場など重いものをもち運びすることが多い仕事の現場だ。一度にもち運べる量・重さが増えれば作業効率があがる。また、重いものをもってけがをする心配も少なくなり、力の弱いお年寄りや女性でも安心して働けるようになることが期待されている。

福祉の分野での活用が広がっている

「パワードスーツ」の導入が進んでいるもうひとつの分野が、福祉の仕事だ。けがや病気などが原因で身体の機能が失われたり、弱ったりしている人がパワードスーツを装着すれば、毎日の暮らしがとても楽になるはずだ。

また、介護の仕事は重労働のため、介護をする側の人がけがをしないようにパワードスーツが活用されている。人びとが助け合いながら暮らしていくために、科学の力は役に立っているんだね。

災害救助での活躍も期待されているぞ

自衛隊では、災害救助をより効率よく安全に行うために、パワードスーツの研究を進めている。

あと何年かしたら、洋服を着るようにパワードスーツを身につける時代がくるかもしれないわね。

暗闇で「見えない光」を見る技術
暗視&サーマル・ゴーグル

忍者は暗闇でも目が見えるようになるための修行を日夜積んでいた（⇒94ページ）。でも現代では科学の力を使って、夜でも昼間と同じようにものを見ることができる装置が開発されている。それが「暗視ゴーグル」や「サーマル・ゴーグル」と呼ばれる装置だ。

これさえあれば夜目をきたえる修行はいらない

暗闇でものが見えたら戦いを有利に進められるのは、忍者の時代も現代も変わらない。そのためにおもに軍隊で開発・導入が進められてきたのが「暗視ゴーグル」や「サーマル・ゴーグル」だ。

これらの装置を使うと夜でもものが見えるのはどうしてだろう？　その仕組みを知る前に、まずは光について学んでおこう。

「目に見える光」と「目に見えない光」がある

　私たちがものを見るとき、科学的には物体に反射した光や物体が発する光を見ている。光はさまざまな波をもっており、その波の大きさ（波長）の違いによって色が異なって見えるのだ。

　人間の目でとらえられる光の波長には幅があり、目に見える範囲を「可視光線」、目に見えない赤外線や紫外線などを「不可視光線」と呼ぶ。自然界には紫外線や赤外線が見える生物もいる。

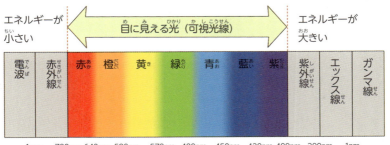

「暗視ゴーグル」と「サーマル・ゴーグル」の仕組み

　同じような暗視能力をもつ２つの装置だが、その仕組みは異なっている。暗視ゴーグルは、光の量を機械的に増幅する仕組みを備えている。簡単にいえば、「夜でも昼間のように明るく見える」装置だ。一方のサーマル・ゴーグルは、赤外線を感知する特殊な装置だ。可視光線がまったくなくても見えるが、形ははっきりしない。

暗視ゴーグルの画像

サーマル・ゴーグルの画像

小さな音を逃さず集める仕組み
パラボラ集音器

床下や天井裏に潜んで盗み聞きをするとき、忍者は小さな音をより聞きやすくするために「聞き筒」(⇒96ページ)という忍具を使っていたの。現代では、より効果的に音を集める仕組みがさまざまな場所で活用されているわよ。それが「パラボラ集音器」ね。

「音」は空気を揺らして伝わってくる波だ

パラボラの仕組みを説明する前に、まず「音」とは何かを確認しておこう。音は、空気を波のように伝わってくる振動(音波)だ。振動を耳の奥にある鼓膜で感知することで、私たちは音を聞いている。音波の幅(振幅)が大きいと大きな音、小さいと小さな音、振動数が多いほど高い音、振動数が少ないほど低い音になる。

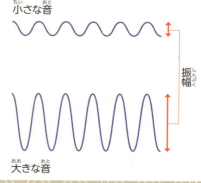

音を効率よく集める仕組み「パラボラ」

人間や動物の耳（たぶ）が頭から突き出しているのは、空気を伝わってくる音波をできるだけ多く集め、鼓膜に誘導するためだ。その誘導がうまくいけばいくほど、音がよく聞こえることになる。そのためにもっとも効率がいい形をしているのがパラボラだ。

お皿やボウルのような形をしたパラボラは、曲面に反射した音波を1か所（焦点）に集中させることができる。焦点にマイクや受信

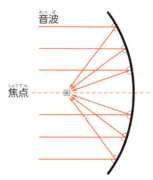

機を配置しておけば、届いた音波をもらさずキャッチすることができるのだ。

いろいろな場所で活躍するパラボラアンテナ

パラボラアンテナは、私たちの身のまわりにもたくさんある。たとえば、家庭用BS（衛星）放送の受信アンテナもそのひとつだ。

また、宇宙のかなたから届く電波をキャッチして、宇宙のさまざまな現象を観測するための電波望遠鏡にも使われている。

家庭用BS放送アンテナ　　**電波望遠鏡**

探す技術と隠れる技術の終わりなき戦い
レーダーVSステルス技術

戦いでは、相手より早く敵を見つけて作戦を考えたり、敵に見つからないように忍び寄って攻撃をしかけたりすることが重要だ。だから忍者は視力や聴力をきたえ、身を隠す術を磨いていたわけだけれど、現代では科学技術がそうした働きをになっているんだ。

電波の反射で「もの」を見つけるレーダー

レーダーは遠くの物体を見つける装置だ。より詳しくいうと、物体の位置を特定するのがレーダーの役割である。その仕組みはこうだ。まず、レーダー波（電波）を周囲に発信する。物体があればレーダー波は反射してもどってくる。レーダー波が往復する時間を計れば、その物体がどこにあるのかがわかる。こうした仕組みのレーダーから身を隠すために開発されたのが「ステルス技術」だ。

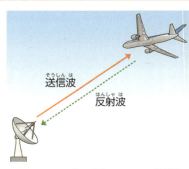

軍艦や軍用機に利用されるステルス技術

ステルス飛行機

　ステルス技術の開発は軍用機の分野からはじまった。敵のレーダーに見つからなければ、それだけ戦いを有利に運べるからだ。諸外国ではすでに実用化されており、日本でも研究が進められている。

ステルス艦

　ステルス技術が向上し、現在では大型の軍艦にもとり入れられている。全長100mを超える大型の軍艦が、小型船ぐらいの大きさにしかレーダーに映らないようになるというから、すごい技術だ。

これがステルス技術の仕組みだ！

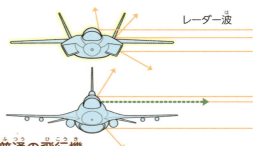

　なぜ、ステルス飛行機やステルス艦は、レーダーに映らないのだろうか？　その秘密は機体や船体の形にある。ステルス飛行機やステルス艦は普通の飛行機や船よりでっぱりが少なく、機体や艦体の外側が斜めになっている。こうした形を用いることで、レーダー波をまっすぐ反射させないようにしているのだ。さらに、外面にレーダー波を吸収する特殊な素材を使って、ステルス性能を高めている。

「透明人間」の誕生は、もうすぐそこ!?
光学迷彩の不思議

アニメやマンガに登場する忍者は、呪文を唱えてドロンと姿を消すことができるけれど、いくら忍者でもそんな魔法使いや透明人間のような術は使えなかったわ。でも科学の発展によって、もうすぐ透明人間が実現されるかもしれないところまできているのよ。

自然の色に溶け込み姿を隠す迷彩服

自然界の生物の多くは、生息している環境に合った体色や模様をもっている。周囲の自然に溶け込むことによって、生存競争を有利にするためだ。兵士やハンター（猟師）が身につける迷彩服は、この生物の戦略に学んだもの。自然と見分けがつかない色の服を着ることで、周囲の環境に溶け込んで身を隠しているのだ。

SCIENCE CONAN ●忍者の不思議 [FILE.5]

光を曲げて見えなくする光学迷彩

　光学迷彩は迷彩服とは考え方がまったく違う。見分けがつかなくするのではなく、ほんとうに見えなくしてしまうのだ。その秘密は光を曲げる性質をもつメタマテリアルという素材にある。

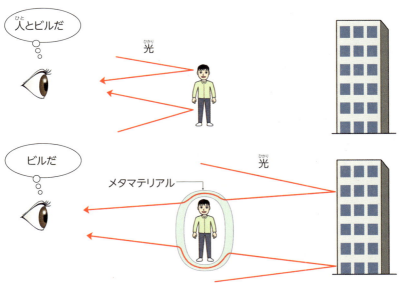

メタマテリアルの仕組み

　光にはある物質からほかの物質に入る（入射する）ときに、屈折する性質がある。通常は入射した方向と同じ方向に屈折する（正の屈折）が、メタマテリアルは反対方向に曲がる（負の屈折）特殊な性質をもっているのだ。

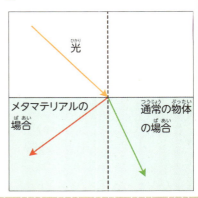

133

吐いた息を再利用するから泡が出ない
リブリーザー（閉式潜水具）

忍術の秘伝書にはさまざまな潜水具が紹介されているけれど、実用性が疑わしいものばかりなんだ。でも、それだけ潜水して城の堀や川を渡るための道具が必要とされていたんだね。
当時、「リブリーザー」があれば、きっと忍者はフル活用していたはずだ。

まずは呼吸の仕組みを確認しよう

人間は呼吸をしなければ生きていけない。呼吸の目的はエネルギーをつくり出すのに必要な酸素を身体にとり込むこと。口や鼻から吸った空気中の酸素は肺から血管にとり入れられ、全身に送られる。酸素はその過程で消費され、代わりに発生する二酸化炭素を吐き出す。これが呼吸の仕組みだ。

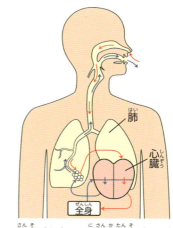

←酸素（O_2） ←二酸化炭素（CO_2）

SCIENCE CONAN ●忍者の不思議 [FILE.5]

泡が出ない不思議な潜水具「リブリーザー」

リブリーザー
形はアクアラングと似ているが、泡が出ない。二酸化炭素はどこへいってしまったのだろう?

従来のアクアラング
背中に背負った酸素ボンベから酸素を吸い込み、二酸化炭素を吐き出すため必ず泡が発生する。

吐いた息を酸素に変えるリブリーザーの仕組み

リブリーザーから泡が出ないのは、吐いた息を再び吸っているから。でも、人間は二酸化炭素では呼吸ができないはずだ。リブリーザーは吐き出した二酸化炭素をタンクにもどし、二酸化炭素を除去する希釈剤や酸素と混ぜて、再び空気と同じような成分にして送り出しているのだ。

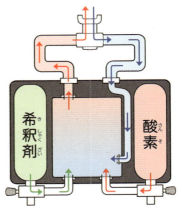

←酸素（O_2）　←二酸化炭素（CO_2）

空気の力を巧みに利用して浮上する
現代の「水蜘蛛」ホバークラフト

忍者は水や泥の上でも沈まずに、陸地と同じように歩くために水蜘蛛（⇒64ページ）を考え出した。ホバークラフトは、そんな忍者の発想を科学の力で実現した乗り物だ。

ホバークラフトは水陸両用の便利な乗り物

空気の力で浮上するホバークラフトは、海上も陸上も同じように走行できる乗り物だ。民間旅客用の路線が廃止され、現在、国内で稼働しているのは、海上自衛隊が保有する船体のみである。

空気の力で浮上するホバークラフトの仕組み

　ホバークラフトの底部には、「スカート」と呼ばれる合成ゴム製の膜で囲んだ部分がある。このなかに空気を吹き込むと、内部の空気の圧力（物体を押す力）が周囲より高くなる。ホバークラフトは、この空気の圧力で水面・地面を押すことで、本体を浮かせている。

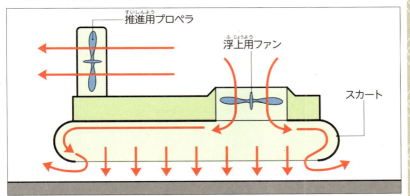

個人用ホバークラフト

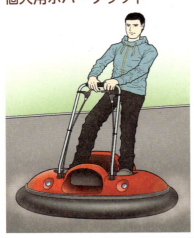

米国ではひとり乗りのホバークラフトが実用化されているそうよ。残念ながら水上走行はできないみたいだけど。

◆ column 05 ◆

情報を集めて仲間とつながる
スマホは現代の万能忍具だ！

敵地に潜入して情報を集め、味方に送る。そのために忍者はいろいろな忍具や忍術を発明した。でも現代では、そうした任務に必要な技術の多くが、1台のスマートフォン（スマホ）に詰まっている。忍者ならきっとフル活用したはずだ。

天気
「観天望気」に頼らなくても、全国の天気がすぐにわかるぞ。

ニュース
世のなかのできごとは新聞社やテレビ局のニュースが教えてくれる。

時間
太陽や星に頼らなくても、いつでも簡単に時間を知ることができる。

地図・方位
GPS（全地球測位システム）や地図のおかげで道に迷わない。

記録
カメラや録音機能で見たことや聞いたことを正確に記録できるぞ。

通信
電話や電子メールで情報を遠くまで瞬時に送ることができる。

電灯
懐中電灯機能があれば、「がん灯」（⇒60ページ）はいらないね。

FILE.6
「生物界のスーパー忍者」之巻

背中から落ちてもクルリと着地
ネコ流忍術「ネコひねり」

空中で身体をひねり姿勢を制御！

ネコは背中を下にして高いところから落ちても、身体をひねってじょうずに4本足で着地する。簡単そうに見えるけれど、これは科学的に見るとすごい技なんだ。支えのない空中で上半身をひねると、下半身が逆方向に回転して身体がねじれるだけだからだ。

そうならないように、背中から落下したネコは上半身をひねる際、前足を縮めて後ろ足を大きく伸ばす。こうすると上半身の回転半径が小さく、下半身の回転半径が大きくなる。物体が回転する力は、回転半径が小さいほど大きくなるので、上半身が優先的に回転をはじめるのだ。同じような原理で、次は下半身を大きな力で、上半身を小さな力で回転させる。その結果、身体が180度向きを変えて、4本の足で着地できるのだ。

① 背中から落下する

② 上半身をひねる

③ 下半身をひねる

④ 4本の足で着地する

SCIENCE CONAN ●忍者の不思議 [FILE.6]

警察犬、麻薬犬などとして大活躍！
ヒトの1億倍の嗅覚をもつイヌ

嗅上皮
鼻腔（鼻の内側）の上部にある粘膜層。においを感知する無数の嗅細胞がある。

におい分子

いろいろなところで
役立つイヌの嗅覚

　私たちがにおいを感じるのは、空気中にただようにおい分子（においの素になる物質）が鼻の内側の嗅上皮にある嗅細胞に付着し、その刺激を脳が「におい」として感じるからだ。イヌの鼻にも嗅細胞があるが、その数がけた違いに多い。人間は500万個だけれど、警察犬のジャーマンシェパードは2億5000万個！　においをかぎ分ける力は、人間の1000倍〜1億倍も鋭いといわれている。この嗅覚を生かして、イヌは警察犬や麻薬犬などとして、世のなかのために働いてくれているのだ。

嗅細胞の数は犬種によって違い、ダックスフントが1億2500万個、猟犬のブラッドハウンドは3億個に達する。

40種類以上の生物に一瞬で化ける
変装名人ミミックオクトパス

ウミヘビ
腕をそろえて伸ばせば猛毒をもつウミヘビに変身。

ヒトデ
腕をそろえて星形に広げると、まるでヒトデのようだ。

エイ
身体を平たく伸ばすと、エイやヒラメなどの魚に化ける。

【本来の姿】

シャコ
身体を起こして目玉をギョロリとすればシャコになる。

謎に包まれた
「ものまね」の理由

　生物が周囲の生物や植物に姿を似せることを「擬態（ミミック）」という。攻撃や自衛のために擬態をする生物は多いが、なかでも名人として知られるのが西太平洋の暖かい海に生息するミミックオクトパスだ。40種類以上の生物に擬態することがわかっているが、その目的ははっきりしていない。

忍者も変装術（⇒26ページ）を得意としていたけれど、ミミックオクトパスの術は、それ以上かもしれないわね。

SCIENCE CONAN ●忍者の不思議 [FILE.6]

暗闇から羽音を消して獲物に襲いかかる
森の忍者フクロウ

羽根
羽音を小さくする効果がある翼の形と羽毛をもっているため、獲物に気づかれずに忍び寄れる。

大きな目は光をより多くとり入れることができるため、夜でもよく見える。

耳
左右の耳の位置がずれているため、音の発生源までの距離を正確にとらえることができる。

目

フクロウの夜間視力は人間の100倍！

　フクロウの種類の多くは夜行性、つまり夜間に活動して狩りをする習性をもっている。そのため、夜でも遠くのものがよく見える目を備えている。生物がものを見るためには光が必要だ（⇒127ページ）。夜になるとものが見えなくなるのは光の量が不足しているからだが、フクロウの目は夜間でも多くの光を感知できるつくりになっているのだ。
　フクロウの目は角膜やレンズの口径が大きく、より多くの光をとり入れることができる。そのうえ、視細胞（光を感知する細胞）に光や色を感じる錐状体と、明暗を感じる桿状体が２つあり、より多くの光を吸収できるようになっている。そのため、フクロウは人間の100倍ものすぐれた夜間視力を発揮できるのだ。

143

水中に潜んで獲物を狙い撃ち
水辺の狙撃手テッポウウオ

光の屈折も計算して
水の上の獲物を狙う

　まるで忍者の「含み針」や「吹き矢」（⇒50〜51ページ）のような技を使う魚が、東南アジアやオーストラリアの淡水に生息するテッポウウオだ。

　水中に潜んだテッポウウオは、口に含んだ水を勢いよく吹き出して水辺の草などにとまっている昆虫を狙い撃ち。水面に落下したところを捕食する。テッポウウオの体長は15〜30cmほどだが、水鉄砲の射程距離は最大で3mにおよぶという。

　科学的に見てすごいのは、テッポウウオの目が水の屈折率まで計算に入れて獲物をとらえているところだ。みんなにも、プールにもぐってプールサイドの友だちを見上げたときに、歪んで見えた経験があるはずだ。その原因は光が水面で屈折しているから。テッポウウオのように、水中から水面上の物体の位置を正確にとらえるのは、科学的にはとても難しいことなんだよ。

SCIENCE CONAN ●忍者の不思議 [FILE.6]

「おなら」の正体は強力な催涙スプレー
目つぶしの達人スカンク

数メートル先の相手にも命中させる精度

よく「スカンクのおならは臭い」といわれるけれど、その正体は刺激とにおいがとても強烈な液体だ。この液体をためる「肛門嚢」という袋が肛門の近くにあり、危険を察知すると勢いよく吹き出して敵を撃退する。その射程距離は4～5m。においの主成分は「ブチルメルカプタン」という物質で、悪臭は半径1kmまで届くという。

顔にかかるとのたうちまわるほど強烈だといわれているスカンクの「おなら」は、自然界の「催涙スプレー」だ。

忍術「下がり蜘蛛」「穴蜘蛛地蜘蛛」……
クモは忍者の先生だ！

強じんな糸で獲物を捕らえるクモの巣づくり

忍術には「〇〇蜘蛛」という名前の術がすごく多いのよ。忍者はクモの生態から、いろいろ学んだのね。

①糸を吐き出しながら風にのって木から木へ移動し、横糸を張る。

②横糸の中心から下に垂れ下がって、縦糸を張る。

③中心から放射状に移動しながら、斜めの糸を張っていく。

④放射状に張った斜めの糸のあいだを横糸でつなげば巣は完成だ。

天井裏から忍び込む下がり蜘蛛の術

クモが巣づくりのときに、縦糸を垂らしてぶら下がる様子から名づけられたのだろう。

SCIENCE CONAN ●忍者の不思議 [FILE.6]

地中に潜んで獲物を待ち受けるジグモ

　建物の壁などに沿って袋状の巣をつくるジグモ。体長は1〜2㎝ほどだが、体長の4分の1ほどもある巨大な牙（上顎）をもつ。普段は地中部分に潜んでいるが、巣にハエなどの昆虫がとまった振動を察知すると駆け上がり、巣の内側から大きな牙で捕らえて食べてしまう。

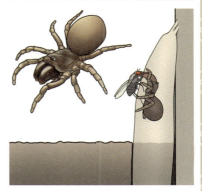

地中から床下に侵入！
穴蜘蛛地蜘蛛の術

　建物の床下に設けられた「忍び返し」という板の下に、トンネルを掘って侵入する術だ。

水中にもクモがいる!?
これが実在のミズグモだ！

　有名な忍具のひとつに「水蜘蛛」（⇒64ページ）があるが、自然界には「ミズグモ」という名前のクモが実在している。その名の通り、一生のほとんどを水中で過ごす。クモも人間と同じで空気（酸素）がなければ死んでしまうが、ミズグモは糸で水中に袋状の巣をつくり、そのなかに空気をためて暮らしているのだ。

147

特殊な細胞で身体の色を自由自在に変える
究極の迷彩術カメレオン

身体の色を変えるのは「求婚」のためでもある

まわりの環境に合わせて身体の色をコロコロ変えることで知られるカメレオンは、アフリカ大陸とユーラシア大陸南西部およびその周辺の島々に生息している。まるで「光学迷彩」（⇒132ページ）のような不思議な性質の秘密は体表面の細胞（生物の身体をつくっている組織）にある。

以前は細胞内の色素を変化させていると考えられていたけれど、最近の研究で、カメレオンの細胞にはまわりの物体と同じ光を反射するように変化する機能があることがわかってきた。カメレオンがこのような進化をしたのは、外敵や獲物から身を隠すことに加えて、異性に対して自分を魅力的に見せるためでもある。

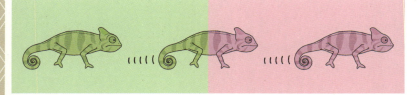

SCIENCE CONAN ●忍者の不思議 [FILE.6]

身の危険を感じたら水上を遁走
水面を走るトカゲ「バシリスク」

水に沈む前に
前へ進むのがコツ!?

　中米の熱帯雨林に生息するイグアナの一種バシリスクは、水面を沈まずに10～20mも走ることができる。その理由は、幅が広く水に沈みにくい指の形に加えて、約80cmの体長のわりに約300gと軽い体重と1秒間に20歩も進むという足の回転力の速さにある。

人間の体重や足の形を考えると、時速160kmで走らなければバシリスクと同じことはできないんだ。

149

密書を運んで1000km
驚くべき伝書バトの帰巣本能

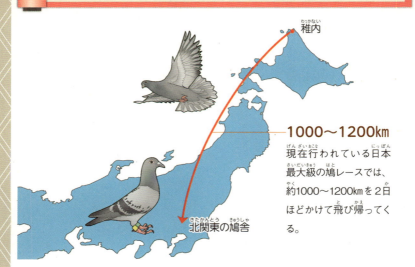

1000〜1200km
現在行われている日本最大級の鳩レースでは、約1000〜1200kmを2日ほどかけて飛び帰ってくる。

稚内
北関東の鳩舎

伝書バトは迷子にならないのか？

　動物には自分の巣に帰りつくための「帰巣本能」が備わっている。現代のように電話や交通手段が発達していない時代に、その性質を利用して手紙を運ぶ手段に使われたのが伝書バトだ。伝書バトは、訓練や品種改良によって、1000km以上も運ぶことができたという。

伝書バトはおもに戦争に利用されたんだけれど、平和になった現在は「鳩レース」でその能力を競い合っているのよ。

SCIENCE CONAN ●忍者の不思議 [FILE.6]

ヒトの8倍の視力で遠くの獲物をロックオン！
ホークアイ(タカの目)の秘密

望遠レンズのような仕組みのタカの目

タカやワシなどの猛禽類の目には、光を感じる視細胞が人間の約8倍、150万個も備わっている。それだけはっきり遠くのものを見ることができるのだ。忍者が活躍した時代には、鷹匠が飼いならしたタカに狩りをさせる「鷹狩」も武士たちに好まれたよ。

鷹匠

地中に潜み、水面を泳ぎ、おまけに空も飛ぶ
昆虫界のマルチ忍者ケラ

土にもぐる

空を飛ぶ

水面を泳ぐ

土にもぐり、空を飛び、水を泳ぎ、地上を歩くこともあるケラの生息域の幅広さは、生物界ナンバーワンだ。

見た目はコオロギだけれど
大きな前あしが特ちょうだ

　最近は見かけることが少なくなったけれど、昔から「おけら」の愛称で日本人に親しまれてきた昆虫がケラ。実物を見たことがないという人も、『手のひらを太陽に』という歌の歌詞に出てくるから名前だけはよく知っているはずだ。

　コオロギの仲間のケラは見た目もコオロギによく似ているけれど、モグラのような大きな前あしをもっているのが特ちょうだ。生活の中心は地中にあり、植物の根や土中の小昆虫、ミミズなどを食べて暮らしている。ケラの仲間は日本はじめ、アジアやアフリカなど世界各地に生息しているよ。

SCIENCE CONAN ●忍者の不思議 [FILE.6]

水に浮く秘密は「表面張力」にあり
アメンボは生ける「水蜘蛛」だ！

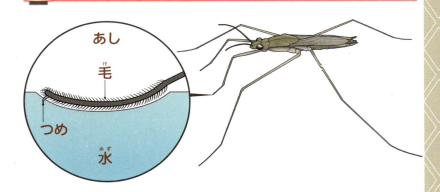

細かい毛に油がついた
あし先の構造に注目！

　水面をスイスイ動くアメンボの秘密は、「表面張力」とあし先の構造にある。表面張力とは、液体の表面が縮もうとする力で、その結果、ものを押し返すことになる。アメンボは体重0.03ｇと非常に軽いため、水の表面張力がもちこたえるというわけだ。
　加えて、あし先には油を含む細かな毛がたくさん生えている。油には水と混じりにくい性質があるので、さらに浮きやすさが増すわ

石けん水や液体洗剤には表面張力を打ち消す性質があるので、それらを水面に垂らすとアメンボは沈んでしまうんだ。

けだ。前・中・後ろの各あし先にはつめが２本あり、そのつめで水を引っかくようにしてアメンボは前後左右に動きまわる。

生みの親より、育ての親？
他人の子どもになりすますカッコウ

カッコウのひなは、ほかの鳥の卵がかえる前に巣から押し出してしまう。

子育てをほかの鳥に任せる「托卵」

カッコウは、ヨシキリやウグイスなどほかの鳥に子育てをやらせる「托卵」という習性をもっている。その方法はこうだ。まず、カッコウはヨシキリの親が巣を離れている隙に、その巣に卵を産みつけてしまう。ヨシキリの親は気づかずに大事に卵を温めるが、カッコウの卵のほうが早くかえる性質がある。そのためカッコウのひなは、ヨシキリの卵を巣から捨ててしまうのだ。かわいそうなのはヨシキリの親。カッコウのほうが大型なので、ヨシキリの親は自分より大きくなった子どもにせっせと餌を運び続けることになる。

ほかの鳥の巣に卵を産んだ際、カッコウは同じ数の卵をもち去って数合わせをするというから頭がいいのね。

SCIENCE CONAN ●忍者の不思議 [FILE.6]

「縁の下」の捕食者アリジゴク
一度はまったら抜け出せない恐怖のワナ

一度落ちたら抜け出せないワナ

　風雨の影響を受けにくい床下などに、すり鉢状の巣をつくって獲物を待ち伏せするアリジゴクは、ウスバカゲロウというトンボによく似た昆虫の幼虫だ。

　細かな砂でつくられたすり鉢状の巣は滑りやすく、アリなどの小昆虫が落ちるとなかなか抜け出せない。アリジゴクは巣に落ちた獲物を大きな上あごで捕らえて消化液を注入し、獲物の体液を吸いとってしまう。消化液にはフグ毒の130倍もの毒性があるという。

成虫 / 幼虫

①巣に落ちる砂で獲物を感知！
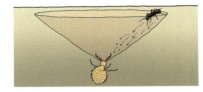

②砂をはじいて獲物を落とす

③上あごで捕らえ、体液を吸う

④食べかすは巣の外に捨てる

枯れ葉に化けて、コウモリのように空を飛ぶ
東南アジアの動物忍者ヒヨケザル

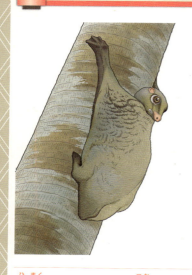

飛膜をじょうずに使い
120mも滑空できる

　東南アジアの熱帯雨林に生息するヒヨケザルは、首から手足、尾の先端にかけて「飛膜」という薄い膜をもっている。ヒヨケザルは、この飛膜を使ってグライダーのように木から木へ飛び移って生活している。尾や指のあいだの膜をじょうずに使って、空中で方向を変えることもできる。

高い木の上にある好物の葉っぱを効率よく食べるために、滑空できるように進化したと考えられているぞ。

SCIENCE CONAN ●忍者の不思議 [FILE.6]

巨大な目玉で敵をひとにらみ
目玉模様をハネに隠したスズメガ

普段は枯れ葉に擬態しているが、危険を察知すると下翅を広げて威嚇する。

幼虫のときは
ヘビのような姿

スズメガは、日本を含む世界中に約1200種類が生息している大型のガだ。その一部の種類は下翅（たたんだときに下にくるハネ）に大きな目玉模様をもっている。普段は上翅で隠れているが、鳥などの外敵が近づいたときには下翅を広げて目玉模様を見せつける。自分を大きな生物のように見せかけて、相手に攻撃することをためらわせるためだ。

スズメガのなかには、幼虫のときにはヘビとそっくりの形をしている種類もいる。

157

まだまだいるぞ！
生物界の変装名人たち

自然界の厳しい生存競争に生き残るため、生物たちは忍者顔負けのさまざまな「術」を駆使しているんだね。自然界にはまだまだ不思議な術を使う生物がたくさんいるぞ。
ここでは、とくに擬態を得意とする生物界の変装名人たちを紹介しよう！

哺乳類いちの名人
ネコ科の猛獣たち

　トラやヒョウ、ジャガーなど、ネコ科の猛獣の黄色と黒色の体色は、動物園で見るととても目立つように感じる。でも、それぞれの動物が本来暮らしていた環境に置くと、とても高い迷彩効果を発揮する。寒い地域に生息するユキヒョウが、グレー・黒・白の体色をしているのもそのためだ。

ジャガー

ユキヒョウ

ランの花に化ける
ハナカマキリ

東南アジアに生息する仲間ハナカマキリは、ランの花びらや、めしべ・おしべそっくりに化け、花の蜜を吸いにきた昆虫を捕らえる。

砂にもぐって獲物を待つ
ノーザンスターゲイター

北米大陸東岸に生息する魚ノーザンスターゲイターは顔だけ出して海底の砂にもぐり、気づかずに近寄った小魚を捕食する。

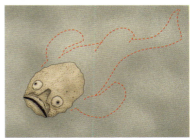

水辺の植物になりすます
ヨシゴイ

水辺に生息する鳥ヨシゴイは、危険を察知すると身体をピーンと縦に伸ばし、周囲に生えているヨシになりすまそうとする。

鳥のフンにそっくり!?
ギンナガゴミグモ

東アジアに広く生息しているこのクモは、鳥などの捕食者の目をそらすために、鳥のフンそっくりの巣で暮らしている。

staff

■原作／青山剛昌
■監修／川村康文（東京理科大学教授）
■構成／田端広英
■イラスト／金井正幸・加藤貴夫
■ＤＴＰ／株式会社昭和ブライト
■デザイン／竹歳明弘（STUDIO BEAT）、山岡文絵
■校閲／目原小百合
■編集協力／新村徳之（DAN）
■編集／藤田健彦

◎参考文献
『完本 万川集海』（国書刊行会）
『正忍記』（新人物往来社）
『甲賀市史 第７巻 甲賀の城』（甲賀市）
『忍者の歴史』（KADOKAWA）
『忍者の教科書 新萬川集海１、２』（笠間書院）
『イラスト図解 忍者』（日東書院）
『秘密の忍者＆忍術事典』（大泉書店）
『忍者図鑑』（ブロンズ新社）
『決定版　図説・忍者と忍術 忍器・奥義・秘伝集』（学習研究社）

小学館学習まんがシリーズ

名探偵コナン実験・観察ファイル

サイエンスコナン
忍者の不思議

2016年9月18日　初版第1刷発行

発行人　杉本隆
発行所　株式会社　小学館
〒101-8001
　　　　　東京都千代田区一ツ橋2-3-1
　　　　　電話　編集／03(3230)5400
　　　　　　　　販売／03(5281)3555
印刷所　図書印刷株式会社
製本所　共同製本株式会社
© 青山剛昌・小学館　2016　Printed in Japan.
ISBN 978-4-09-296629-1　Shogakukan,Inc.
●定価はカバーに表示してあります。
●造本には十分注意しておりますが、印刷、製本など製造上の不備がございましたら「制作局コールセンター」（☎0120-336-340）にご連絡ください。（電話受付は、土・日・祝休日を除く9：30～17：30）
●本書の無断での複写（コピー）、上演、放送等の二次利用、翻案等は、著作権法上の例外を除き禁じられています。
●本書の電子データ化などの無断複製は著作権法上の例外を除き禁じられています。代行業者等の第三者による本書の電子的複製も認められておりません。